COMPRENDRE LA CHINE

Anabelle Masclet

入境而問禁
入國而問 俗
入們而問諱

On doit demander, en arrivant à la frontière d'un pays,
quelles sont les lois prohibitives;
en entrant dans une principauté,
quels sont les usages particuliers;
en entrant dans une maison,
quels noms il faut s'abstenir de prononcer.

Confucius, *Liji* (*Traité des Rites*)

Guides de voyage

ULYSSE
Le plaisir de mieux voyager

Recherche et rédaction **Anabelle Masclet**

Éditeur **Daniel Desjardins**

Directeur de production **André Duchesne**

Correcteur **Pierre Daveluy**

Infographiste **Pascal Biet**

Recherche additionnelle **Ambrose Gabriel**

Photographie de la page de couverture
© **bildagentur-online.com/th-foto/Alamy**

Photographies pages intérieures **Hélène Jansen**

Nos bureaux

Canada: Les Guides de voyage Ulysse, 4176, rue Saint-Denis, Montréal (Québec) H2W 2M5, ☎ (514) 843-9447, fax: (514) 843-9448, info@ulysse.ca, www.guidesulysse.com

Europe: Guides de voyage Ulysse SARL, 127, rue Amelot, 75011 Paris, France, ☎ 01 43 38 89 50, fax: 01 43 38 89 52, voyage@ulysse.ca, www.guidesulysse.com

États-Unis: Ulysses Travel Guides, 305 Madison Avenue, Suite 1166, New York, NY 10165, info@ulysses.ca, www.ulyssesguides.com

Nos distributeurs

Canada: Les Guides de voyage Ulysse, 4176, rue Saint-Denis, Montréal (Québec) H2W 2M5, ☎ (514) 843-9882, poste 2232, fax: (514) 843-9448, info@ulysse.ca, www.guidesulysse.com

Belgique: Interforum Bénélux, 117, boulevard de l'Europe, 1301 Wavre, ☎ 010 42 03 30, fax: 010 42 03 52

France: Interforum, 3, allée de la Seine, 94854 Ivry-sur-Seine Cedex, ☎ 01 49 59 10 10, fax: 01 49 59 10 72

Suisse: Interforum Suisse, ☎ (26) 460 80 60, fax: (26) 460 80 68

Pour tout autre pays, contactez les Guides de voyage Ulysse (Montréal).

© Guides de voyage Ulysse inc.
Tous droits réservés
Bibliothèque nationale du Québec
Dépôt légal – Deuxième trimestre 2005
ISBN 2-89464-739-5

Imprimé au Canada

Je dois une éternelle reconnaissance à Zhao Qin et Hélène Jansen pour leur aide précieuse, ainsi qu'à Isabelle Mesnard sans qui ce projet n'aurait sans doute jamais vu le jour.

Je tiens également à remercier mes parents et amis pour leur soutien.

Enfin, j'aimerais exprimer toute ma gratitude à Daniel Desjardins qui m'a témoigné sa confiance tout au long de cette aventure.

À Yikuan Ko

Anabelle Masclet

Catalogage avant publication de Bibliothèque et Archives Canada

Masclet, Anabelle, 1974-

      Comprendre la Chine

      (Comprendre)
      Comprend un index.

      ISBN 2-89464-739-5

      1. Chine - Mœurs et coutumes - 21e siècle. 2. Voyages d'affaires - Chine. 3. Savoir-vivre - Chine. 4. Affaires - Chine. I. Titre. II. Collection: Comprendre (Éditions Ulysse).

DS779.43.M37 2005   390'.0951'0905   C2005-940192-3

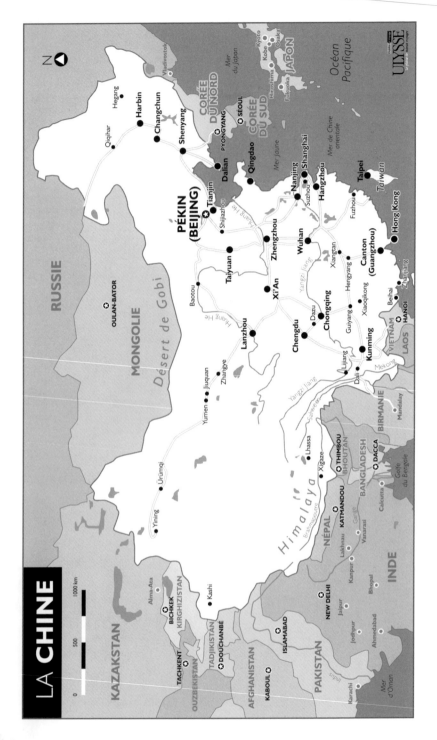

LA CHINE

N

0   500   1000 km

LA **CHINE**

Superficie: 9 590 000 km^2

Démographie

Population: 1 295 330 000 hab. (22% de la population mondiale)

Densité: 135 hab./km^2 (Canada: 3 hab./km^2, France: 96 hab./km^2)

Population urbaine: 39,1%

Les plus grandes villes: Shanghai (16 740 000 hab.), Pékin (13 820 000 hab.), Canton (10 150 000 hab.)

Langues: mandarin (ou putonghua, langue officielle), cantonais, wu, hsiang, min

Composition ethnique: han 91%, 55 nationalités minoritaires reconnues

Espérance de vie: 74,3 ans pour les femmes; 70,3 ans pour les hommes

Répartition hommes/femmes: hommes 52,1%; femmes 47,9%

Étudiants diplômés d'un cycle universitaire en 2004: 2,8 millions

Taux de chômage: 7%

Économie

PIB (2003): 1 409 G $US

PNB: 890 $US/hab. (Canada: 21 930 $US/hab., France: 22 730 $US/hab.)

Les exportations:

États-Unis 22%, Japon 17%, Allemagne 4%, Corée du Sud 4%, autres 34%

(total des exportations pour la Chine et Hong Kong en 2003: 89,5 G $US)

Les importations:

Japon 20%, Taiwan 12%, États-Unis 12%, Corée du Sud 10%, Allemagne 5%, autres 41%

(total des importations en 2003: 413 G $US)

Indications de consommation et de développement

Lignes téléphoniques pour 1000 hab.: 86

Téléphones cellulaires pour 1000 hab.: 10

Ordinateurs pour 1000 hab.: 12

Voitures particulières pour 1000 hab.: 3

SOMMAIRE

LE QUOTIDIEN CHINOIS 35

L'ART DE VIVRE EN SOCIÉTÉ 53

4

四

LES PRATIQUES EN AFFAIRES 71

AVANT-PROPOS

Un ouvrage de plus sur la Chine: oui, mais…

Qui n'a jamais rêvé de fouler le sol chinois? Destination à la mode, la Chine fait en effet l'objet de toutes les convoitises. Depuis son ouverture économique amorcée en 1978, l'empire du Milieu — toujours enveloppé d'une aura d'exotisme — attire nombre d'Occidentaux curieux et fébriles.

Bien naïf néanmoins celui qui prétend partir à l'aventure sans savoir ce qui l'attend sur place. Car comment évoluer dans le monde chinois sans points de repère? Sans avoir ne serait-ce qu'une petite idée des habitudes chinoises? Comment donc atténuer le choc culturel — auquel, soyons lucides, personne ne peut échapper — sans avoir pris la peine de s'intéresser un tant soit peu à certains aspects incontournables de la vie en Chine?

Le présent ouvrage brosse un tableau (non exhaustif) de la culture et des coutumes du pays pour transformer un séjour en Chine en expérience réussie. Il ne s'agit pas ici d'apprendre à singer les habitants, mais plutôt de comprendre leurs comportements. Les Chinois n'exigeront jamais que vous vous conduisiez comme eux. Toutefois, si vous montrez un intérêt certain pour leur mode de vie, ils ne tariront pas d'éloges sur votre personne. Par ailleurs, il n'est rien de plus agréable que de saisir ce qui se passe autour de soi: une fois décodés, les signaux imperceptibles que vous envoie votre interlocuteur permettent de savoir si ce dernier est flatté, offensé, satisfait, etc. Tout un programme!

Ce qui vous paraissait étrange au premier abord n'aura bientôt plus de secret pour vous. Cela dit, vous trouverez dans le présent guide quelques pistes d'exploration et non une compilation de recettes à appliquer selon le contexte. Les différents chapitres offrent des clés de compréhension grâce auxquelles vous serez à même, par exemple, de décrypter la nature d'une relation et de vous positionner dans une conversation. À chacun bien entendu de se faire sa propre opinion sur le terrain et d'ajuster le tir en fonction des situations. N'oubliez jamais qu'en Chine, où tout évolue, rien n'est jamais acquis.

Occidentalisation versus tradition

Quel pari ambitieux que de répertorier les façons de vivre d'un pays qui se distingue par son hétérogénéité! Les différences régionales sont flagrantes: du sud au nord, de l'est à l'ouest, les contrastes se font jour à tous les niveaux (climat, mentalités, art culinaire, dialectes, etc.).

La course folle vers la richesse renforce d'autant plus les inégalités sociales. Des marchands de nouilles se font millionnaires tandis que nombre de petites entreprises rurales, purs produits des années 1990, tombent en faillite. Dorénavant, la précarité coexiste avec la prospérité, parfois presque dans l'indifférence générale. Des millions de travailleurs venus des campagnes poursuivent ainsi leur errance de ville en ville à la recherche d'un gagne-pain. Privés du *hukou*, permis de résidence urbain donnant accès à certains droits (assurance maladie ou acquisition d'un logement subventionné en ville), ces ruraux semblent être condamnés à vivre en transit.

Par ses extrêmes, l'empire du Milieu présente donc un portrait bien troublant. Pourtant, malgré ces contrastes marqués, les Chinois attachés à leur lieu d'origine continuent d'afficher une solide fierté nationale cimentée par le mandarin, la langue commune. La Chine dévoile ainsi au monde sa vraie nature, tour à tour une et multiple.

La crise de confiance des Chinois envers leur propre culture met aujourd'hui à mal ce sentiment d'appartenance nationale. Sous l'impulsion de la mondialisation, les usages s'internationalisent à de multiples échelons. D'abord, la mode occidentale s'impose: la nouvelle génération, téléphone cellulaire à portée de main, adopte le style des Occidentaux. Les jeunes filles passent dans les mains des chirurgiens pour se faire débrider les yeux ou allonger le nez tandis que leurs compères masculins s'affichent, chevelures blondes au vent. Rien n'est de trop pour ressembler aux «longs nez» (surnom attribué aux étrangers venus de l'Ouest). La culture américaine déferle également, avec succès, sur le pays: musique rock, cinéma, restaurants-minute, etc. En architecture, les habitations traditionnelles (les fameux *hutong*, à Pékin) cèdent la place à des tours à l'architecture moderne. Même l'anglais réussit à imposer ses marques dans la langue chinoise (*bye-bye*).

Est-ce là le signe d'une perte d'identité? Il semblerait que non. Les usages traditionnels ne se perdent pas. Bien au contraire, ils habitent les Chinois. Ainsi en est-il du confucianisme qui continue d'influer sur la société.

Le confucianisme oriente encore les mentalités et les comportements de tous les jours. Ensemble de principes, il s'apparente à une sorte d'étiquette sur laquelle les Chinois continuent de s'appuyer, consciemment ou non. Il pose l'existence de quatre vertus et de cinq sortes de relations. La loyauté (*zhong*), le respect pour les parents et les ancêtres (*xiao*), la bonté (*ren*) et la droiture (*yi*) forment les premières. Voici le détail des secondes. La relation par excellence est celle qui s'établit entre le dirigeant et son peuple. Le dirigeant est tenu de tout faire pour améliorer la vie de son peuple qui en retour lui doit une loyauté absolue. Ensuite vient la relation entre le mari et son épouse. Le maître de maison, à qui revient la charge de subvenir aux besoins matériels de la famille, commande sa femme obéissante, fidèle et chargée d'engendrer des fils. Par ailleurs, les enfants suivent le désir de leurs parents avant de s'occuper d'eux plus tard en échange de l'éducation reçue. Les grands-parents constituent les piliers de la famille, et les enfants et petits-enfants leur doivent respect (l'âge symbolise sagesse et riche expérience). Enfin, les amis entretiennent une relation d'égal à égal. La loyauté est de rigueur, et toute tentative de malhonnêteté envers un ami constitue un crime.

Ces caractéristiques confucianistes se retrouvent implicitement dans la société chinoise, et ce, même si l'individualisme gagne de plus en plus du terrain. Un Chinois fait avant tout partie d'un groupe dans lequel chacun se trouve socialement utile. Ce groupe (familial, politique, professionnel, culturel ou autre) est fortement hiérarchisé en fonction de l'âge et de l'autorité. Tout être en dehors de la norme est mal vu et incompris. Une personne seule hésitera toujours à s'attribuer une réussite pour ne pas faire ombrage au groupe. Ce genre de comportement contribue à préserver l'harmonie sociale, mais le code ne s'applique jamais qu'au groupe: la déférence en usage ici n'aura plus sa place ailleurs. Dans une foule anonyme, l'indifférence règne en maître.

Une telle organisation conditionne la vie chinoise en général, notamment les rapports humains. Précieuse est donc la démarche qui consiste à comprendre ce genre de structure sociale pour apaiser les éventuelles incompréhensions. En ce sens, le présent ouvrage vous apportera quelques tours de passe-passe qui, nous le souhaitons, faciliteront votre entrée dans un monde fascinant.

Organisation du guide

Nous développerons notre sujet en quatre temps. Le premier chapitre livrera quelques données culturelles sur le pays (histoire, littérature, arts, croyances et éducation). Une deuxième partie donnera un aperçu du quotidien chinois à travers des thèmes comme la langue, les moyens de locomotion, les petits désagréments, etc. Dans un troisième temps seront résumées les règles de l'étiquette chinoise au cours de rencontres, d'invitations ou d'événements spéciaux. Le dernier chapitre enfin adressera aux francophones désireux de faire des affaires en Chine quelques conseils en matière de négociation.

Nous espérons qu'une fois la lecture du guide achevée vous réaliserez à quel point les Chinois sont finalement bien plus proches de nous qu'il n'y paraît!

Bonne route!

Avertissement

Le présent ouvrage privilégie le *pinyin* comme système de transcription phonétique du chinois. Instauré par la République populaire de Chine, ce système est aujourd'hui mondialement reconnu. Par souci de clarté, nous avons toutefois préféré garder la transcription originelle — et consacrée par l'histoire — pour certains noms comme Pékin (*Beijing*), Canton (*Guangzhou*), Chiang Kaichek (*Jiang Jieshi*), Hong Kong (*Xianggang*), etc.

Dans le corps du texte, toutes les transcriptions du chinois sont en *italique*, à l'exception des noms propres et des termes devenus familiers aux francophones tels que le Yin et le Yang.

LA CIVILISATION CHINOISE: PASSÉ, PRÉSENT, FUTUR

Saisir au mieux l'essence de la civilisation chinoise nécessite de se pencher sur ce qui la fonde (l'histoire), ce qui la caractérise aujourd'hui (la vie culturelle) et ce qui incarne son avenir (la jeunesse). C'est dans cet esprit qu'est construit le présent chapitre.

LES MOMENTS DÉTERMINANTS DE L'HISTOIRE CHINOISE

L'histoire chinoise, vieille de 4 000 ans, ne cesse de passionner les chercheurs qui en relatent habituellement les grands événements, dynastie après dynastie. Plutôt que de suivre la méthode traditionnelle des historiens, notre propos reprendra la démarche de Richard Gunde dans *Culture and Customs of China*, en s'attachant à dégager les moments marquants de la culture et de la civilisation chinoise à partir de cinq périodes fondamentales.

Les origines de la civilisation chinoise (XVIIᵉ – VIᵉ siècles av. J.-C.)

Les Chinois s'appuyaient jadis sur le mythe de Pangu pour expliquer la création du monde. D'après la légende, Pangu, fruit de l'union des deux principes vitaux de l'univers (le Yin et le Yang), finit par sortir d'un œuf au bout de 18 000 ans. Pour maintenir séparés la terre et le ciel issus de sa naissance, le nouveau-né se développe en un temps record avant de s'éteindre, une fois sa mission accomplie. À sa mort, sa voix se transforme en tonnerre. De son souffle naissent le vent et les nuages. Son œil gauche devient le soleil, et son œil droit engendre la lune. Ses cheveux et ses moustaches donnent le jour aux étoiles tandis que d'autres parties du corps se muent en

La civilisation chinoise: passé, présent, futur

1

montagnes, en fleuves, etc. De la vermine de son corps enfin émerge la race humaine.

Ce mythe remonte au IVe siècle av. J.-C., et ce que les Chinois pensaient de leurs origines auparavant n'est toujours pas attesté. Ils se passionnent en réalité davantage pour leur histoire que pour leur origine. D'après eux, tout aurait débuté par les trois empereurs-dieux (Fuxi, sa sœur Nüwa et Shennong) et les cinq rois mythiques (Huangdi, Leizu, Yao, Shun et Yu). Fuxi, à tête d'homme et au corps de serpent, aurait établi, entre autres choses, les fondements de l'écriture chinoise; Nüwa aurait modelé l'univers à partir de statuettes en argile, et Shennong aurait accompli des miracles en agriculture. L'Empereur jaune (Huangdi) serait à l'origine de l'administration, de l'acupuncture et du développement de l'écriture. Sa femme Leizu aurait inventé la sériciculture. Yao et Shun auraient gagné leur réputation grâce à leur sagesse tandis que Yu le Grand devrait sa renommée à son système de canaux propre à dompter les eaux.

Le roi Yu serait également le fondateur de la dynastie des Xia datant du XXIe siècle av. J.-C. L'existence de cette dynastie (longtemps considérée comme un mythe) semble être aujourd'hui authentifiée par les récentes découvertes archéologiques.

Quelque 500 ans plus tard, les Xia cèdent leur place à la dynastie des Shang. Ces derniers possèdent une culture avancée. Des cités-palais, une écriture, la métallurgie du bronze et l'utilisation des chars en constituent les principales caractéristiques.

Au XIe siècle av. J.-C., les Zhou de la vallée du fleuve Jaune renversent les Shang. C'est à cette époque que se développe un système de bureaucratie centralisée.

L'époque des philosophes et des guerriers (Ve s. av. J.-C. – Ve siècle)

Dès le Ve siècle av. J.-C., les Chinois se sédentarisent et cultivent la terre. Jusqu'au XIIIe siècle, ils vont entrer en conflit perpétuel avec les peuples du nord.

À l'époque des Printemps et Automnes (770-476 av. J.-C.) et des Royaumes combattants (475-221 av. J.-C.), les Chinois érigent des murailles pour se protéger des populations nomades et séparer les différents royaumes constamment en guerre. C'est curieusement à cette période que la culture s'épanouit. Bien des écoles de sagesse représentées par de grands penseurs (Laozi, Confucius, Mozi et Sunzi) entrent alors en rivalité.

En 221 av. J.-C., la victoire du royaume de Qin met un terme à l'époque des Royaumes combattants. Les Qin font tomber tous leurs adversaires et unifient le pays en un État fort et centralisé. Selon la tradition, cette victoire inaugure le début de l'ère impériale qui prend seulement fin en 1911. Sous le règne autoritaire des Qin, la capitale accueille les ministres et les bureaux du gouvernement centralisé. Le pays est divisé en provinces, elles-mêmes organisées en districts.

À partir de la dynastie des Han (206 av. J.-C.) est mis en place un système d'examens impériaux fondés sur la connaissance du corpus confucéen. Dès la dynastie des Song (960-1279), ce système devient la voie par excellence pour accéder aux fonctions les plus hautes de l'État. Ce n'est qu'en 1905 qu'il est aboli au nom de la modernisation.

Les Han finissent par capituler en 220. Du début du IIIe siècle jusqu'à la fin du VIe siècle, l'empire se retrouve alors morcelé.

L'ère des échanges culturels (VIe – Xe siècles)

Volontiers patriotes, les Chinois peuvent paradoxalement éprouver une fascination sans bornes pour l'étranger et la nouveauté. Loin d'être un handicap, cette tension révèle en réalité une force: elle leur permet d'assimiler les bonnes influences culturelles et de rejeter les moins bénéfiques.

Du VIe siècle au milieu du IXe siècle, l'importation du bouddhisme laisse sur le pays une empreinte étrangère des plus profondes. Au VIIe siècle, la Chine devient même le centre du monde bouddhiste: des missionnaires des pays voisins comme le Japon, la Corée et le Vietnam vont y suivre des formations et collecter des textes bouddhistes sacrés. Le bouddhisme génère ainsi une formidable transmission culturelle depuis la Chine et vers la Chine. Bien que très influent dans de nombreux aspects de la culture, il ne réussit pas à imposer ses marques sur la conduite des affaires politiques. Nombreux sont ceux à l'époque qui récusent son étrangeté (pratique de la crémation notamment) et ses effets néfastes sur l'économie (exemption de taxes pour les monastères bouddhistes).

Au fil du temps, le cycle dynastique impose son rythme: un empereur, représentant suprême du ciel sur la terre, succède à un autre. Un jeune gouvernement efficace est mis en place; la paix et la prospérité sont assurées, et le développement des arts et de la culture encouragé. Après quelques générations, voire quelques siècles selon le cas, la situation se dégrade. Les armées s'affaiblissent face aux envahisseurs, l'économie s'écroule, et le peuple commence à remettre en question la légitimité de l'empereur. Le ciel semble imposer un changement de dynastie.

L'essor de l'art et du commerce (XIe – XIXe siècles)

À partir du XIe siècle, le pays entre dans une période intense sur le plan culturel et économique. Les lettrés se tournent entre autres vers la littérature, la calligraphie et la peinture tandis que la plupart des gens se passionnent pour la culture populaire. De nombreux magasins et restaurants proposant une large sélection de plats et de produits ouvrent leurs portes jour et nuit. La diffusion de livres adaptés au goût du peuple se propage, et les arts populaires du spectacle comme l'opéra s'épanouissent.

La culture doit son envolée à l'enrichissement des marchands. Le commerce avec l'étranger atteint à l'époque des niveaux records. Le compas, invention chinoise, facilite la navigation, et les ports chinois, plus imposants que leurs homologues européens, regorgent de bateaux aux cargaisons diverses. L'agriculture connaît alors une poussée fulgurante grâce à l'expansion de la culture du riz et du coton.

La croissance du pays ne s'accompagne pourtant pas de la stabilité politique. La Chine continue d'être aux prises avec de fréquentes crises internes, et ses problèmes sur le plan militaire l'affaiblissent. Sous la dynastie des Song (960-1279), l'extrême nord reste aux mains des barbares. En 1126, alors qu'un peuple du nord (les Jürchen) avance vers le sud, la cour impériale, ses sujets et le gouvernement émigrent dans le delta du Yangzi Jiang. À l'époque, l'armée se modernise, l'artisanat progresse, et l'imprimerie se développe.

En 1215, les Jürchen, qui règnent au nord sous le nom de «Jin», sont expulsés par les Mongols. Dès 1279, ces derniers prennent le contrôle du pays et baptisent leur dynastie «Yuan» (1279-1368). Pendant leur règne, la littérature et les arts poursuivent leur épanouissement.

La civilisation chinoise: passé, présent, futur

1

1

Par contre, l'inflation fait rage, et une épidémie de peste décime la population. Le gouvernement mongol impose de lourdes taxes à la population chinoise, laquelle subit les sanctions les plus terribles. De cette situation discriminatoire naît la révolte du peuple.

Les Mongols finissent par céder la place aux Ming. La reconstruction économique s'amorce en s'appuyant sur l'agriculture. L'expansion militaire vise la Mongolie, l'Asie centrale et le Sud-Est asiatique. Néanmoins, les défaites contre les Mongols se multiplient. Vers le milieu du XVe siècle, l'empire opte pour une stratégie de défense: la Grande Muraille est prolongée au nord pour tenir les envahisseurs à l'écart.

Au même moment, la culture, l'économie, la vie intellectuelle et sociale connaissent un nouveau regain. Malheureusement, le gouvernement lève des taxes de plus en plus lourdes pour financer l'armée de mercenaires. De leur côté, les eunuques tirent profit de l'inefficacité des empereurs dans le but de brader des postes à haute responsabilité. Vers la fin du XVIe siècle, des crises se produisent en nombre. Des insurrections populaires éclatent, et une lutte entre eunuques et fonctionnaires décime le gouvernement.

En 1644, devant l'invasion de Pékin par une armée rebelle, le dernier empereur de la dynastie Ming se suicide. Les Jürchen, rebaptisés «Mandchous» déferlent sur la Chine, matent les rebelles et proclament la dynastie des Qing. Jusqu'au XVIIIe siècle, la Chine jouit de la prospérité. Le commerce et l'agriculture s'épanouissent tandis que l'autorité du gouvernement s'étend jusqu'en Mongolie, en Asie centrale et au Tibet.

Vers le milieu du XVIIIe siècle, les problèmes réapparaissent. La population augmente sans que l'économie parvienne à suivre le rythme. Le niveau de vie chute radicalement. Début XIXe siècle, le cycle dynastique impose de nouveau ses règles, et le pouvoir des Qing décline. Se produisent bientôt des révoltes dont la plus célèbre, celle des Taiping.

Alors que l'empire éprouve de graves difficultés, les pays européens connaissent un développement extraordinaire. Désireux de trouver d'autres sources pour leurs matières premières et de nouveaux marchés, ils commencent à s'intéresser de près à la Chine.

Le passage à la modernité (milieu du XIXe siècle à aujourd'hui)

Vers le milieu du XIXe siècle, l'Angleterre se donne pour ambition d'ouvrir les portes de la Chine. Des années durant, la Compagnie anglaise des Indes orientales y importe l'opium indien au mépris de toutes les lois du pays. Lucratif pour les Anglais, ce commerce affaiblit la population qui troque son argent contre de la drogue. Une guerre finit par éclater entre les deux pays, mais la Chine vaincue est contrainte de signer le premier des traités inégaux: le traité de Nankin, par lequel elle cède Hong Kong à l'Angleterre. D'autres puissances étrangères, les unes après les autres, ouvrent, par la force, des concessions en Chine.

Pour lutter contre cette invasion étrangère, des intellectuels tentent de mettre en place des réformes dans le domaine éducatif, juridique et technologique, mais celles-ci restent lettre morte. À la même époque, dans le nord de l'empire, éclate un mouvement populaire contre les étrangers: la révolte des Boxers (ainsi baptisés en raison de leur goût pour les arts martiaux). À l'été de 1900, les Boxers marchent sur Pékin, attaquent au passage les communautés chrétiennes et détruisent les symboles de l'impérialisme. Malheureusement pour eux, les puissances étrangères rassemblent une armée et les écrasent à Pékin.

En 1911, la dynastie des Qing s'écroule pour céder la place à une république. Sun Yat-sen (1866-1925) devient le chef de file du mouvement républicain et le premier président de la Chine en 1912. Lui et ses acolytes s'inspirent du libéralisme et de la démocratie à l'occidentale. En quelques mois, Sun Yat-sen est toutefois évincé par Yuan Shikai (1859-1916), réformateur et militaire puissant. La Chine se retrouve alors divisée entre de multiples seigneurs de la guerre. Ces derniers plongent le pays dans une guerre civile jusqu'à la victoire des communistes en 1949.

Comme les progressistes chinois sont tout à la fois attirés et dégoûtés par l'Occident, le marxisme leur semble un excellent compromis. La révolution d'octobre 1917 en Russie prouve que lancer des réformes sociales de grande envergure est réalisable dans un grand pays jugé pauvre et arriéré. Il apparaît envisageable d'éliminer l'exploitation de l'homme par l'homme, d'industrialiser l'économie et de faire régner l'égalité sur l'humanité tout entière. Le Parti communiste chinois est fondé en 1921. Deux ans plus tard, il s'allie au Parti nationaliste (le Guomindang) de Sun Yat-sen avec pour objectif d'unifier le pays, d'éradiquer les seigneurs de la guerre et de résister à l'impérialisme étranger. En avril 1927, Chiang Kai-shek (1887-1975), successeur de Sun Yat-sen à sa mort, tente de se débarrasser des communistes. Par suite, les survivants rouges, retirés dans les campagnes, s'efforcent de mobiliser les paysans pour faire la révolution.

En 1931, l'armée japonaise envahit le pays et occupe la Mandchourie. Chiang Kai-shek, trop soucieux d'éliminer les communistes, ne fait rien pour empêcher l'invasion. Pour lutter contre les Japonais, les révolutionnaires tentent en vain une nouvelle alliance avec les nationalistes. Fin 1934, ces derniers encerclent dans le Jiangxi les forces communistes qui s'enfuient à Yan'an (Shaanxi). Sur les 100 000 hommes échappés, seuls 6 000 arrivent à destination. Cette épreuve, connue sous le nom de «Longue Marche», sera considérée plus tard comme un moment déterminant sur le chemin de la victoire.

Comme les Japonais envisagent d'envahir le pays tout entier, Chiang accepte finalement une alliance avec les communistes. Malheureusement, les deux camps alliés passent plus de temps à lutter les uns contre les autres qu'à repousser les ennemis. Jusqu'à la fin de la guerre en 1945, les communistes organisent une armée forte et disciplinée qui contrôle une large partie du territoire au nord du pays. Au terme de la guerre civile, les nationalistes s'effondrent et partent se réfugier à Taiwan. Le 1er octobre 1949, Mao Zedong (1893-1976), président du Parti communiste et l'un de ses fondateurs, proclame la République populaire de Chine (RPC).

Les premières années, la RPC redistribue les terres aux paysans pauvres tout en nationalisant les usines et autres propriétés des capitalistes. La collectivisation s'impose petit à petit jusqu'à la création en 1958 des communes populaires. L'initiative se solde pourtant par un échec cuisant: la rémunération égalitaire démotive les troupes. La famine de 1959 fait plusieurs dizaines de millions de victimes, et le gouvernement se voit contraint de revoir la taille des communes.

À la même époque est lancé le «Grand Bond en avant», projet de mobilisation générale pour industrialiser le pays à vitesse grand V. L'objectif est de produire plus que l'Angleterre, en l'espace de 15 ans. Pour accroître la production, le programme privilégie malheureusement la quantité aux dépens de la qualité. Le Grand Bond en avant tourne lui aussi au fiasco, et Mao doit se retirer des commandes du pays. Malgré ces échecs, l'économie, entre 1949 et 1978, parvient à se développer; des maladies très courantes en 1949, comme la diphtérie, disparaissent des villes, et l'espérance de vie passe de 39 à 64 ans.

La civilisation chinoise: passé, présent, futur

1

La civilisation chinoise: passé, présent, futur

1

Pour revenir au premier rang de la scène, Mao tente rapidement une nouvelle manœuvre. Selon lui, la lutte révolutionnaire doit prendre pour cible les personnes les plus haut placées dans le Parti, et le meilleur moyen de les éradiquer est de les attaquer du dehors. De là naît la Révolution culturelle (1966-1976).

Les gardes rouges, jeunes gens organisés en bandes, constituent les troupes du Grand Timonier. Dès 1968, la plupart des opposants de Mao sont violemment chassés du Parti. Les gardes rouges réussissent à semer la terreur, et le chaos s'installe. Pour rétablir ordre et stabilité, Mao rappelle l'armée à l'aide. Il décide d'envoyer les gardes rouges et les jeunes citadins intellectuels dans les campagnes pour qu'ils apprennent à faire la révolution en travaillant la terre. Le pays connaît ici l'une des périodes les plus troubles de son histoire. Jusqu'en 1976, le Parti va lentement se reconstruire, et de nombreux dirigeants seront bientôt réhabilités.

En 1978, Deng Xiaoping (1904-1997), successeur de Mao, lance une nouvelle réforme pour moderniser et enrichir la Chine: les Quatre Modernisations (agriculture, industrie, défense nationale, sciences et techniques). Deng et ses successeurs décollectivisent les fermes, privatisent de nombreuses entreprises d'État tout autant qu'ils encouragent les initiatives individuelles et les entreprises privées. Des «Zones économiques spéciales» voient le jour sur les côtes méridionales. La politique d'ouverture est lancée. Les investissements étrangers explosent, et l'économie prospère rapidement. En 1992, le Parti adopte le concept d'une «économie sociale de marché»: c'est la fin de l'État providence communiste.

Des réformes politiques se mettent également en place. De nombreux districts élisent désormais leurs représentants locaux, et, petit à petit, un système juridique se développe. Néanmoins, même si

les Chinois critiquent aujourd'hui le gouvernement ouvertement, la démocratie reste impossible: le Parti tient toujours les rênes du pays, comme l'a tragiquement prouvé le massacre de Tiananmen en 1989.

La mort de Deng met un point final au règne des Timoniers. Aujourd'hui, la Chine cherche sa place parmi les grandes puissances, et ses habitants semblent bien plus préoccupés à améliorer leur vie matérielle qu'à se mobiliser pour la démocratie. Du moins en apparence, et pour l'instant…

LA LITTÉRATURE ET LES ARTS DE L'ESPACE ET DU TEMPS: LES ÉVOLUTIONS RÉCENTES

La création littéraire

Fin 1978, Deng Xiaoping annonce que les autorités laissent désormais «*cent fleurs s'épanouir et cent écoles de pensée rivaliser*». Autrement dit, elles autorisent enfin la culture à s'exprimer après le verrouillage de la Révolution culturelle. Les auteurs répondent en masse à l'appel tout en cultivant la prudence. Une première initiative porte ses fruits dans le milieu romanesque: la littérature «des cicatrices», qui traite des blessures laissées par la Révolution culturelle. Ce timide mouvement est suivi par un autre bien plus intéressant: la littérature «des racines», qui s'attache à réexaminer la pensée traditionnelle chinoise. Des auteurs comme A Cheng, Jia Pingwa, Han Shaogong, Mo Yan et bien d'autres encore s'efforcent de découvrir l'authentique source de la culture chinoise pour mieux penser le dilemme de la modernité. Cette littérature inaugure une fièvre culturelle extraordinaire en Chine: à travers le cinéma, l'écriture, la chanson et d'autres formes d'art, les artistes expriment leur fascination pour leur pays. À la même période s'exerce une attirance pour l'Occident. Le peuple réveille son appétit pour la traduction d'œuvres étrangères. Ce déferlement culturel dans la vie intellectuelle chinoise introduit de nouvelles façons d'appréhender le monde et génère d'intenses débats culturels.

Un groupe de romanciers d'avant-garde comme Ge Fei, Yu Hua, Can Xue et Su Tong refuse la littérature bien établie. Il essaie de tester le seuil de tolérance du lecteur en le confrontant à des images d'horreur. La Chine contemporaine est ainsi montrée sous son jour le plus noir.

Dans les années 1990, un revirement s'opère: l'époque consumériste où se mêlent autodérision et satire prend le relais. L'édition n'a jamais été aussi prolifique dans le pays. L'explosion des publications rend difficile pour le gouvernement le contrôle de la production culturelle. Les autorités peuvent bien censurer quelques auteurs, mais il semble que la demande du public pèse davantage dans la balance et contribue à l'épanouissement de la création.

La culture de masse se diffuse. Les gens s'arrachent les œuvres de Wang Shuo dont les personnages sont de purs produits de l'économie de marché, des intellectuels ridiculisés, des fonctionnaires qui passent leur temps à boire, à jouer ou à séduire les femmes.

Les romans d'arts martiaux connaissent un regain dans les années 1980 et 1990. Ils exercent d'ailleurs une profonde influence sur la littérature en général. *La légende du héros chasseur d'aigle* de Jin Yong (Louis Cha) est un classique du genre.

> Depuis les années 1980, la philosophie ancienne revient aussi à la mode. Les *Analectes*, le *Daodejing* et le *Livre des mutations* attirent des lecteurs en nombre. Ce phénomène s'explique par l'intérêt marqué pour les traditions culturelles chinoises et le retour à un certain esprit national. Les quatre romans célèbres des dynasties Ming et Qing remportent toujours autant de succès: *Au bord de l'eau*, *le Rêve dans le pavillon rouge*, *la Pérégrination vers l'Ouest* et *le roman des Trois Royaumes*.

Les arts plastiques

Dès le lancement de la réforme, les arts plastiques suivent le même mouvement que la littérature. Les artistes s'expriment en une variété de formes et de styles différents. Certains tirent leur inspiration de l'art occidental tandis que d'autres se focalisent sur les problèmes d'identité nationale. Des peintres de la même mouvance que la littérature des cicatrices exposent les horreurs de la Révolution culturelle. D'autres tirent des portraits de personnalités du Parti ayant joué un rôle mineur dans le désastre: certaines représentations de Zhou Enlai (premier ministre du temps de Mao) connaissent un franc succès.

Un mouvement prônant le retour à la terre natale répond en écho à la littérature des racines: les artistes peignent la campagne jusqu'à la rendre exotique. Ils utilisent cependant des modèles européens comme l'art figuratif.

En réaction contre ces tendances, certains artistes préférèrent le mouvement avant-gardiste ou, à l'opposé, le renouveau de la peinture traditionnelle (*guohua*, la peinture nationale).

En 1985 naît le mouvement de la nouvelle vague influencé par l'Occident. Son mot d'ordre est de bouleverser l'esthétique traditionnelle. Huang Yongpin (1934-) brûle ainsi nombre de ses œuvres lors d'une exposition. D'autres artistes tels que Gu Wenda (1955-) ou Zhang Peili (1957-) se plaisent à utiliser des images embarrassantes pour le public, tout comme leurs homologues avant-gardistes en littérature.

Les événements de la Place Tiananmen laissent la place à un mouvement de réalisme cynique privilégiant des thèmes comme l'indifférence, le sarcasme ou encore la lassitude. L'explosion du pop art politique donne une autre réponse aux événements tragiques de 1989. En 1990, Wang Guagyi (1956-) juxtapose des slogans de la Révolution culturelle avec des images et des noms de marques de produits étrangers.

L'art performance, en gestation dans les années 1980, devient extrêmement populaire une décennie plus tard. En janvier 1996, une œuvre d'art monumentale est créée à l'occasion de l'ouverture d'un centre commercial à Zhengzhou. Il s'agit d'un gigantesque mur de glace recouvert d'objets sauvés lors du dernier incendie des lieux. 100 000 personnes se sont bousculées au portillon, d'autant plus qu'elles avaient l'honneur de décrocher du mur l'objet de leur choix après la cérémonie d'inauguration. Un record d'affluence en la matière.

La lithographie se développe également dans les années 1990. Li Fan (1966-) expose des œuvres mettant en scène les rapides changements de Pékin, à savoir la nature contradictoire des scènes urbaines: des voitures qui se mêlent aux vélos, des vieux bâtiments qui côtoient les nouveaux, etc.

Enfin, des œuvres exploitant les différents médias apparaissent à la même époque. Ainsi en est-il des créations de Xu Bing (1955-) comme *Tianshu* (le livre céleste). Un texte (dont les caractères sont inventés) est imprégné dans les murs et sur le sol ou reproduit sur un drap au plafond. La remise en question du lien entre le sens et les mots alimente le travail de l'artiste. Ce genre d'exposition a servi d'exemple par la suite.

Les travaux les plus imposants de la littérature et des arts plastiques contemporains semblent plutôt refléter la nouveauté. Cependant, l'esthétique chinoise qui en ressort rappelle une longue et brillante tradition. La calligraphie en fait bien sûr partie. Cet art conserve toujours un prestige identique et partage avec la peinture traditionnelle les mêmes outils (le pinceau, la pierre à encre, le papier et la soie). Peinture et calligraphie sont d'ailleurs intimement liées puisqu'une œuvre picturale comporte bien souvent des caractères ou des vers calligraphiés. Omniprésente dans la vie de tous les jours, la calligraphie représente la clef de voûte de l'histoire de l'art chinois. À l'ère de l'informatique, elle n'a en rien perdu de son influence et les jeunes Chinois continuent d'en apprendre les rudiments à l'école.

La danse

L'opéra chinois

L'opéra chinois connaît depuis peu un regain d'intérêt, mais essentiellement auprès des touristes. Les personnes âgées se rendent encore dans les parcs ou les maisons de thé pour assister aux représentations, mais le mode d'expression a perdu sa popularité d'antan. Discipline plurielle, l'opéra mêle musique, chant, dialogues, acrobaties, arts martiaux et danse. Comme les mouvements et les gestes des personnages aux costumes somptueux véhiculent le sens de l'histoire, la mise en scène et la scénographie entrent à peine en jeu. La couleur du maquillage symbolise un état d'âme particulier: le rouge, la loyauté et le courage; le vert et le bleu, la perfidie et les machinations; le blanc, la fourberie; le noir, l'audace et l'intégrité.

Au cours des représentations, les spectateurs mangent généralement des graines de pastèque, parlent fort et fument. Ils connaissent les histoires par cœur et n'observent le silence qu'à leurs scènes préférées.

Le ballet

Accablé par des difficultés financières, le ballet survit tant bien que mal en Chine. Le gouvernement et les entreprises apportent en effet de moins en moins leur soutien aux troupes.

Les compagnies chinoises ressuscitent les ballets occidentaux comme le *Lac des cygnes* ou *Roméo et Juliette*, mais la plupart continuent de proposer les ballets révolutionnaires dans lesquels elles excellent. De nouvelles créations voient toutefois le jour en danse contemporaine. Né de l'union entre art oriental et art occidental, le célèbre spectacle *Épouses et concubines* en est un bel exemple.

Les danses de société

Depuis l'ouverture économique, des discothèques privées et des dancings ont poussé comme des champignons. Ils attirent un grand nombre de jeunes gens et des couples d'âge moyen. Pour répondre à cet engouement, les autorités tentent de promouvoir dans des lieux éclairés des danses collectives plus conformes à l'étiquette. Des personnes chargées de guider les danseurs s'arrangent pour éviter les corps à corps. Ceux qui préfèrent une atmosphère moins

contrôlée choisissent les hôtels où les restaurants et les salles de conférences sont aménagés en pistes de danse. Le plaisir avant tout!

La musique

La musique participe depuis longtemps à la vie sociale chinoise. Les jeunes gens se marient encore aujourd'hui en musique.

La musique traditionnelle

Dans les années 1980, la musique traditionnelle connaît une résurgence. Elle se distingue de la musique occidentale par son rythme particulier, sa qualité sonore et le style de ses instruments.

Le *erhu*, qui tire ses origines d'Asie centrale, est sans doute l'instrument le plus populaire. Très fréquent à l'opéra, ce grand violon à deux cordes devient au XXe siècle un instrument solo. Le *pipa*, sorte de luth à quatre cordes importé du Moyen-Orient, est apparu sous la dynastie des Han. Il fait aujourd'hui également la préférence des solistes, mais se retrouve à l'occasion dans les ensembles musicaux. Enfin, le *suona*, genre de hautbois utilisé surtout au cours de marches solennelles, est courant dans les mariages et les funérailles, mais aussi à l'opéra pour annoncer l'arrivée d'un empereur. Avec l'introduction de la musique occidentale et des idées modernes du divertissement, les habitudes traditionnelles perdent du terrain. Ces instruments, parties intégrantes de la culture chinoise, sont aujourd'hui délaissés au profit de leurs frères d'Occident.

La musique pop-rock

Dans les années 1980, la musique pop-rock déferle sur le pays. Des stars surgissent de Hong Kong et de Taiwan comme Deng Lijun (connue également sous le nom de «Teresa Teng») ou encore Wang Fei (Faye Wong, de son pseudonyme). Le public participe activement

1

La civilisation chinoise: passé, présent, futur

à la promotion de ce genre récent grâce aux karaokés. Le *yaogun*, le rock chinois, émerge également au début des années 1980. L'initiateur du mouvement est Cui Jian, qui en 1986 commence à livrer au public ses propres compositions. Toute une génération se reconnaît en lui. Poursuivi par la censure, le *yaogun* se joue de nos jours dans les clubs tolérés et survit grâce aux CD piratés. La popularité du pop-rock et le déclin de la musique traditionnelle posent un problème complexe en Chine. Le fait d'écouter des morceaux hongkongais ou taiwanais est synonyme de modernité. Toutefois, pour le public, l'option pop cantonaise (occidentalisée, mais avec modération) représente un bon compromis entre occidentalisation et respect des racines. Quoi qu'il en soit, la musique contemporaine chinoise (traditionnelle, pop, rock ou autre) constitue une véritable mine d'or. Comme pour le reste, son côté commercial séduit les uns et les autres.

LES CHINOIS ET LE SACRÉ

Le sacré fait partie intégrante de la vie chinoise. Il est difficile d'en donner une présentation fidèle tant il est imbriqué dans les habitudes des Chinois. Cela dit, il est tout à fait possible de distinguer en Chine les religions en tant que telles des pratiques superstitieuses.

Les croyances

La pratique religieuse en Chine

L'existence de cinq confessions est généralement attestée en Chine: le confucianisme, le taoïsme, le bouddhisme, l'islam et le christianisme. La réalité n'est pourtant pas aussi simple. Tout d'abord, la religion populaire occupe une place tout aussi importante dans la vie des Chinois. Ensuite, le confucianisme ne saurait être assimilé à une religion en tant que telle: pas de clergé, pas d'esprit ni de dieux à prier. Longtemps discrédité, il est redevenu un gage d'harmonie sociale et d'unité nationale, sans toutefois pouvoir prétendre au titre de religion à proprement parler.

Considérée comme une menace pour l'État, la pratique de la religion est contrôlée par le gouvernement central depuis les débuts de la République populaire. À partir des années 1980, les croyants sont tolérés, à condition que leur religion soit déclarée et qu'ils ne fassent pas de prosélytisme. Comme les manifestations religieuses attirent les touristes, les autorités ferment bien sûr les yeux.

Les étrangers peuvent participer aux offices célébrés dans les temples, les mosquées et les églises reconnus comme lieux officiels de culte. En revanche, les Chinois n'ont pas le droit d'assister aux cultes célébrés par les communautés étrangères.

Les principaux cultes

Les cultes diffèrent selon les ethnies. On compte 100 millions de pratiquants répartis en cinq religions organisées et reconnues par l'État: 72% de bouddhistes, 17% de musulmans, 5,5% de protestants, 3,6% de catholiques et 1,5% de taoïstes.

Le bouddhisme

Bien des caractéristiques du bouddhisme Mahâyâna (terme sanscrit signifiant «grand véhicule») sont imbriquées dans la culture chinoise. De nombreux domaines en ressentent en effet l'influence, tels l'art, la philosophie, la littérature ou la pensée populaire.

À compter de 1949, la politique gouvernementale à l'égard du bouddhisme a oscillé entre contrôle politique et froide répression. Les Chinois assistent depuis 1978 à la réouverture et à la restauration des temples. Néanmoins, ces lieux sacrés passent pour de simples «attrape-touristes». Un ticket d'entrée y est exigé pour tous, y compris les pratiquants, et les activités y sont restreintes et contrôlées.

Les fervents bouddhistes sont généralement des femmes âgées. De nouveaux adeptes émergent de temps à autre, mais leur discipline et leur dévotion semblent plutôt limitées. Quoi qu'il en soit, des fidèles ou des associations de quartiers organisent et financent, à l'occasion, de grandes célébrations.

Le bouddhisme pratiqué au Tibet et en Mongolie diffère de celui de la Chine intérieure. Le lamaïsme en constitue la caractéristique fondamentale. Également baptisé «bouddhisme tantrique», le lamaïsme vient du Vajrayâna (mot sanscrit qui signifie «véhicule du diamant»), forme dérivée du Mahâyâna empreinte d'hindouisme, de chamanisme et de magie. Avant 1949, le Tibet était constitué en État théocratique dans lequel la religion régissait la société tout entière. Depuis la proclamation de la République populaire de Chine, le gouvernement chinois s'efforce de révolutionner les institutions «féodales» du Tibet. De là est né le mouvement nationaliste tibétain. Les tensions entre, d'un côté, les Tibétains et les Mongols, et de l'autre, l'autorité centrale continuent d'être aussi fortes, d'autant plus que la destruction de monastères se poursuit au Tibet et en Mongolie intérieure.

Le catholicisme

À l'image du bouddhisme, le catholicisme connaît un regain depuis l'ouverture de la Chine. Toutefois, l'autorité du Pape, considérée comme étrangère, n'est pas reconnue par le gouvernement chinois, qui contrôle toujours l'Église catholique. Quatre millions de catholiques se réclament de la religion officielle tandis qu'existe clandestinement une église restée fidèle au Pape.

L'islam

La plupart des musulmans sont issus d'ethnies «non-han» de la province du Xinjiang (les Han représentent les «purs Chinois»). Parmi eux, on compte des Ouïgours, des Kazaks, des Kirgiz et des Uzbeks. Souvent accusés de terrorisme, ils entretiennent des relations houleuses avec le gouvernement. L'autre groupe islamique se compose de Chinois musulmans, les Hui, qui occupent principalement le Ningxia, petite «région autonome» du pays. Ce groupe a bénéficié de la libéralisation religieuse des années 1970 et dispose aujourd'hui de programmes de développement à long terme.

Le protestantisme

Le gouvernement ne harcèle pas les protestants tant qu'ils ne font pas de prosélytisme ni ne s'adonnent aux pratiques superstitieuses.

Le taoïsme

Le taoïsme est une religion institutionnalisée rassemblant des textes canoniques, s'organisant autour d'une hiérarchie cléricale et possédant une liturgie et un panthéon. Seule religion vraiment chinoise, le taoïsme reçoit la bénédiction des autorités. Son aspect philosophique et religieux lui vaut une bonne réputation. Contrairement au bouddhisme, le taoïsme voit les désirs humains comme positifs. Jouir de la vie est son maître mot.

La pratique de la religion taoïste s'éloigne quelque peu de la philosophie originelle. En effet, alors que la philosophie prévoit de respecter la nature, la religion cherche plutôt à la contrer par l'invocation de pouvoirs surnaturels. Ces derniers s'illustrent au cours de rites complexes où se mêlent magie, décoctions d'herbes, contrôle de la respiration, diètes, etc. La recherche de l'immortalité motive essentiellement ce genre de pratiques.

Les superstitions

Les Chinois se disent athées, mais participent au culte des ancêtres et à une multitude de fêtes traditionnelles. Cela dit, certains adoptent ces pratiques plus par respect pour la solidarité communautaire que par réelle dévotion. Participer à ce genre d'activités, en particulier pour les ruraux, signifie de s'impliquer dans la vie sociale.

Après leur musellement à l'époque maoïste, les traditions refont surface (surtout dans les campagnes). Sous la Révolution culturelle, les gardes rouges, empressés de faire table rase du passé, ont en effet détruit temples, lieux saints, statues et autres autels des ancêtres. À présent, bien des Chinois, déstabilisés par les bouleversements actuels, cherchent à combler leur vide spirituel en renouant avec leurs coutumes ancestrales. Considéré comme une menace pour l'État, ce genre de pratique est plutôt mal vu par les autorités: l'histoire chinoise ne manque pas d'exemples de sectes destinées à renverser le gouvernement.

La religion populaire

La religion populaire regroupe des pratiques et des croyances en dehors de toute théologie unifiée. Elle ne s'organise ni autour d'un clergé ni autour d'une organisation structurée. On la considère souvent primitive parce qu'elle ne s'appuie guère sur un fondateur historique ou mythique et ne possède ni écriture canonique, ni Église, ni institution reconnue. Elle s'incarne dans de multiples activités dont le culte des ancêtres, les fêtes et les offrandes, les pèlerinages et les processions.

Dans les campagnes, vous aurez peut-être l'occasion de voir encore dans certaines maisons un petit autel avec des photos de membres de la famille décédés, voire même de personnages influents (Mao Zedong, Deng Xiaoping).

Un moteur essentiel sous-tend chaque croyance populaire: la quête de l'efficacité. Pour les Chinois, les déités ont pour mission de réaliser leurs vœux. Même s'ils n'y croient qu'à moitié, ils pensent n'avoir rien à perdre à tenter leur chance. En retour, les pratiquants honorent les divinités par des offrandes. Rien de choquant donc à se tourner vers la religion le plus à même de servir ses intérêts. Si les vœux ne sont pas exaucés, la déité est abandonnée pour une autre.

L'astrologie chinoise et la divination

L'astrologie existe comme croyance populaire en Chine depuis la nuit des temps. Elle s'appuie sur l'étude de 12 signes correspondant chacun à une année (rat, bœuf, lapin, dragon, serpent, cheval, chèvre, singe, coq, chien, cochon, tigre). Le signe d'une personne conditionne sa personnalité et son destin. Les astrologues tiennent compte du jour et de l'heure de la naissance pour donner leur verdict. Le signe le plus faste est le dragon, année où le nombre de naissances en Chine explose.

Les Chinois consultent également parfois les spécialistes du *Yijing*, le plus vieux livre du monde, mais cette pratique est moins répandue que l'astrologie ou la chiromancie. Le *Yijing*, ou le livre des transformations, rassemble 64 hexagrammes formés à partir de la combinaison de huit trigrammes. L'interprétation de ces hexagrammes permet au spécialiste de spéculer sur la vie du demandeur.

À travers le pays, nombre de médiums et de chamans sillonnent encore les villages pour délivrer un oracle au cours de cérémonies publiques. Pour contrôler leur avenir, les Chinois renouent également avec des pratiques de divination devant les temples. Vous en verrez peut-être certains lancer des bâtonnets de bambous marqués de numéros correspondant à un oracle précis ou encore d'autres partir en pèlerinage pour susciter des rêves divinatoires. Rien de bien surprenant dans un pays en perte de repères…

Le *feng shui*

De plus en plus à la mode de nos jours, le *feng shui* (vent et eau) signifie par extension l'harmonie avec l'environnement. Il repose sur d'anciens principes de géomancie selon lesquels l'origine de l'univers provient d'une seule et même énergie (le *qi*). Pour s'enrichir, pour vivre plus longtemps ou pour procréer davantage, chacun doit renforcer son *qi*. C'est à force de respecter l'ordre et l'équilibre de l'univers que l'homme garantit son succès. Il ne faut donc pas choisir au hasard l'emplacement d'une autoroute, de poteaux télégraphiques, de bureaux ou d'immeubles pour vivre en harmonie avec son environnement. Aussi, les portes sont construites au sud et les miroirs installés dans les pièces pour éloigner les mauvais esprits.

Un maître de *feng shui* consulte sa boussole et le calendrier agricole, examine le paysage et essaie de trouver la demeure du dragon vert (à l'est) et du tigre blanc (à l'ouest) avant de désigner l'endroit le plus propice à toute construction.

Pratique longtemps interdite en Chine populaire, le *feng shui* était jusqu'à récemment l'apanage de Hong Kong, Macao, Singapour ou Taiwan. Aujourd'hui, son usage gagne en popularité, surtout en Chine rurale, en pleine frénésie urbaine.

Le pouvoir des nombres

En principe, les Chinois accordent peu d'importance au pouvoir des nombres. Quelques chiffres revêtent toutefois une signification symbolique.

Le 2 porte bonheur puisqu'il reflète l'équilibre entre le Yin et le Yang. Le 4, homophone du caractère de la mort, ne présage rien de bon (certains ascenseurs n'indiquent pas de quatrième étage). Le 5, homophone du caractère «rien», n'a pas plus la cote tandis que le 6 rime avec succès. Le 8 symbolise la prospérité. Les plaques minéralogiques comprenant des 8 coûtent une fortune, et certains entrepreneurs redoublent d'efforts et d'astuces pour faire ajouter à leur numéro de téléphone un 8 fétiche. Le 9 est signe de longévité, et le 13, comme en Occident, porte malheur.

La célébration des fêtes traditionnelles

La vie quotidienne des Chinois est marquée par la célébration des fêtes traditionnelles qui suivent le calendrier agricole. Moments sacrés pour la population, ces fêtes célèbrent la communion de la famille et le repos, de même qu'elles rendent hommage aux dieux.

Le Nouvel An chinois

Le Nouvel An marque le retour de l'activité agricole après l'hiver. Connu également sous le nom de «fête du printemps» (*chunjie*) parce qu'il ouvre la sai-

1

son printanière, le Nouvel An chinois se fête les premier, deuxième et troisième jours du premier mois de l'année lunaire. Le calendrier chinois se calque en effet sur le calendrier lunaire: les lunaisons en réglementent l'organisation. L'année lunaire compte 12 mois de 29 ou 30 jours qui débutent chacun par une nouvelle lune. Comme il manque 11 jours à l'année lunaire pour coïncider avec l'année solaire, un mois supplémentaire est intercalé tous les deux ou trois ans.

Le premier jour de l'année lunaire tombe le jour de la deuxième nouvelle lune après le solstice d'hiver. Plus la date de la première nouvelle lune est rapprochée de celle du solstice d'hiver, et plus tôt dans l'année aura lieu le Nouvel An. Cette date se situe donc le 21 janvier au plus tôt, et le 19 février, au plus tard.

Les traditions diffèrent d'un endroit à l'autre et se perdent quelque peu, mais la fête commence généralement le dernier mois du calendrier lunaire et se termine dans la deuxième décade du premier mois de l'année lunaire suivante. La veille du Nouvel An et les trois premiers jours de la nouvelle année sont les moments les plus importants. Les sept premiers jours sont officiellement décrétés jours de congé.

Le 8e jour du 12e mois lunaire avant le Nouvel An, la coutume veut que les familles préparent une bouillie à base de riz glutineux, de graines de lotus, de jujubes, de millet, et de bien d'autres ingrédients encore.

Le 23e jour du 12e mois lunaire, le «petit Nouvel An», est consacré au génie du foyer qui remonte au ciel pour rendre compte du comportement de chacun pendant l'année. On organise traditionnellement des offrandes pour que le génie se montre indulgent, mais de nos jours les familles préparent plutôt un repas pour elles-mêmes.

Le lendemain, c'est le jour de l'indispensable grand nettoyage. Comme les Chinois s'abstiendront en effet de faire le ménage les 10 premiers jours de l'année pour ne pas faire fuir la chance, ils en profitent avant le début des festivités. Rien n'est laissé au hasard, surtout pas l'autel des ancêtres qui fait l'objet d'un nettoyage minutieux. C'est le moment propice à l'achat des victuailles pour la fête, d'habits neufs pour les enfants et de pétards pour la chasse aux mauvais esprits. Il est également grand temps de s'acquitter de ses dettes pour repartir sur de bonnes bases. On colle sur les portes des portraits du dieu du foyer et des banderoles de papier sur fond rouge avec, entre autres, le caractère du double bonheur ou celui renversé du bonheur (en chinois, «le bonheur est à l'envers» est homophone de «que le bonheur arrive»). Les mauvais esprits sont censés craindre le rouge!

La nuit du réveillon, la famille organise un banquet. Au menu: du poisson (dont le caractère chinois est homophone d'«abondance») pour ne manquer de rien dans l'année, des raviolis (les fameux *jiaozi*, symboles des lingots d'or d'autrefois) pour s'enrichir, des farces sucrées pour mener une vie douce et des farces salées pour engendrer beaucoup d'enfants. On sert également du poulet (dont le caractère chinois est homophone de «bon augure»), de même que du porc, signe de prospérité. Après le repas, on discute et on regarde la télévision, particulièrement la soirée de gala diffusée sur la chaîne nationale. Faire claquer des pétards fait partie des habitudes traditionnelles de la fête du Printemps. Néanmoins, depuis quelques années, il est interdit de s'adonner à cette pratique dans certaines grandes villes pour des raisons de sécurité et pour limiter la pollution. On remplace donc le bruit comme on peut: enregistrement sur cassette ou crevaison de ballons.

Le premier jour de l'an est jour de repos. Pour purifier son corps, on mange parfois végétarien. On prie les dieux de la fortune et de la porte tout en rendant hommage aux ancêtres par des offrandes. Les enfants de la même famille reçoivent leurs étrennes dans une enveloppe rouge (les *hongbao*) et des oranges, symboles de bonheur et de longévité. On envoie des cartes de vœux (de plus en plus par Internet) à ses parents et à ses amis qui demeurent dans de lointaines contrées.

Le deuxième jour, la tournée des visites peut commencer. La femme mariée, accompagnée de son époux, se rend dans sa famille, car la fête familiale se déroule toujours dans la lignée mâle. Si vous rendez visite à une famille chinoise ce jour-là, apportez des victuailles en cadeau (des fruits, des gâteaux ou du café instantané, le tout emballé dans un carton rouge). L'hôte se doit toujours de retenir le visiteur à manger.

Le troisième jour est le jour du «mariage des souris». Toute la famille se garde bien de déranger les souris le jour de leur fête: plus on les laisse tranquilles, moins elles puiseront dans les réserves de la maison.

Le quatrième jour souligne le retour du génie du foyer, à qui l'on souhaite la bienvenue avec des offrandes. C'est le jour où l'on reprend ses occupations journalières. Le cinquième jour marque la fin de la célébration du Nouvel An. On enlève les décorations de la maison, mais les festivités se poursuivent dans la rue, où toutes sortes de manifestations s'organisent (danses du lion et du dragon notamment). Le septième jour représente le jour anniversaire de toute la famille, que l'on célèbre autour d'un banquet. L'ambiance festive se prolonge jusqu'à la fête des lanternes.

La fête des lanternes

La fête des lanternes (*yuanxiao jie*) se déroule le 15e jour du 1er mois lunaire. Elle marque la fin des festivités du Nouvel An. À la campagne, cette fête est le signe de la reprise des travaux des champs. Ce jour-là, les moines bouddhistes de l'époque des Han (206 av. J.-C.—220) avaient pour habitude d'allumer des lampes en l'honneur des génies. Pour suivre leur modèle, l'empereur ordonna d'éclairer le palais impérial et les temples à la même date. Depuis lors, ce rite bouddhiste s'est imposé en Chine.

Autrefois accrochées sur les places publiques, les lanternes décorent aujourd'hui les parcs à cette époque de l'année. Les Chinois organisent aussi les traditionnelles danses du dragon et du lion, de même que des feux d'artifice. Pour l'occasion, on mange des *tangyuan*, boulettes roulées dans de la farine de riz glutineux et préparées à partir de sésame, de purée de haricots rouges, d'arachides et de jujubes. Ces pâtisseries symbolisent la réunion de la famille et le bonheur.

La fête des morts

La fête des morts ou fête des pures clartés (*qingmingjie*) a lieu entre le 4 et le 6 avril. Elle correspond au labour du printemps. Ce jour-là, la famille nettoie les tombes des ancêtres, auxquels elle fait des offrandes tout en brûlant de l'encens, des bougies et du papier-monnaie. On ne cuisine pas, mais on consomme des aliments froids. La fête donne aux Chinois l'occasion de faire des excursions et de jouer au cerf-volant.

L'anniversaire de Mazu

L'anniversaire de Mazu (*niangniang hui*) tombe le 23e jour du 3e mois lunaire. Cette fête en l'honneur de la patronne des marins rassemble des bateaux sur l'île Meizou et réunit des fidèles dans les temples de villes portuaires comme Macao, Hong Kong ou Tianjin.

La fête des barques-dragons

La fête des barques-dragons ou fête du «double cinq» (*duanwu*) est célébrée le 5e jour du 5e mois lunaire et coïncide

1

—

La civilisation chinoise: passé, présent, futur

1

avec la première récolte. D'après la légende, elle commémore la mort de Qu Yuan, poète et homme d'État du IIIe siècle av. J.-C. Qu Yuan est connu pour s'être jeté dans le fleuve Niluo en 278 avant J.-C. à la suite de la déchéance de son royaume.

Le jour de la fête, on mange des œufs de canes salés ainsi que des *zongzi*, feuilles de bambou ou de lotus fourrées (de riz glutineux, de haricots rouges et d'œufs durs) puis repliées en triangle. Ces ingrédients avaient soi-disant été jetés à l'origine dans la rivière pour éviter que les poissons ne dévorent le poète.

En souvenir du va-et-vient des bateaux de pêcheurs à la recherche de Qu Yuan, la fête est agrémentée de joutes aquatiques. S'y opposent différentes équipes menant de longues barques rehaussées d'un dragon à la proue.

Ce jour-là, dans les campagnes, on voit encore des mères confectionner pour leurs enfants des sachets de plantes médicinales à porter autour du cou pour se protéger des maladies et des mauvais esprits.

La fête des amoureux

Le 7e jour du 7e mois lunaire a lieu la fête des amoureux ou fête du bouvier et de la tisserande. Un mythe raconte en effet que, chaque année à cette date, un bouvier traverse la rivière céleste pour aller rejoindre une tisserande, sa fée bien-aimée. L'empereur céleste avait ordonné jadis qu'ils soient séparés à jamais, car ils ne pensaient qu'à se divertir. Des pies, bouleversées par la sentence, avaient réussi à former un pont pour permettre aux deux amants de se retrouver. Touchée par la scène, l'impératrice Wang les avait ainsi autorisés à se revoir chaque 7e jour du 7e mois lunaire.

Bien que les pratiques associées à cette légende aient quelque peu disparu aujourd'hui, l'histoire du bouvier et de la tisserande continue de toucher le cœur des Chinois. Pour l'occasion, les bars, les marchés aux fleurs et les magasins des villes se remplissent de jeunes amoureux.

La fête de la lune

La fête de la lune, également connue sous le nom de «fête de la mi-automne» (*zhongqiujie*), s'ouvre le 15e jour du 8e mois lunaire (en septembre ou octobre). Elle concorde avec l'arrivée de la pleine lune au beau milieu de l'automne et annonce la dernière récolte. Les familles se réunissent, et les parcs restent ouverts tard le soir. Les badauds peuvent admirer la lune en dégustant des gâteaux de lune (les *yuebing*), fourrés de pâte de haricots rouges, de graines de lotus, de arachides, de noix ou de sésame. Des lanternes en forme de lapins décorent les maisons pour rappeler qu'une princesse vit au Palais de la lune avec le lièvre Mingji, chargé de préparer l'élixir d'immortalité.

La fête du double neuf

Le double neuf (*chongyangjie*) est fêté le 9e jour du 9e mois lunaire (fin octobre-début novembre). Il marque l'entrée dans l'hiver. Comme le 9 symbolise la longévité, on espère inaugurer par cette célébration une bonne année.

Ce jour-là, on boit du vin de riz aux chrysanthèmes et on se régale de gâteaux à base de farine de riz glutineux fourrés de jujubes, de marrons ou de viande. On les appelle les *yanggao* (le terme mandarin *gao* veut dire «haut») pour symboliser l'ascension des sommets sacrés à la recherche du *qi* vital. La saison est en effet propice à ce genre d'activité qui, d'après la légende, protège des épidémies.

Depuis 1989, ce jour est décrété fête des personnes âgées. C'est l'occasion pour la famille de leur offrir un petit cadeau ou de les accompagner en excursion.

LA NOUVELLE GÉNÉRATION ET L'ÉDUCATION: ENTRE ARCHAÏSME ET MODERNISME

Portrait de la jeunesse chinoise d'aujourd'hui

Une partie de la jeunesse chinoise actuelle semble évoluer en plein désarroi. Certains parents n'ayant pas eu accès à l'éducation s'estiment incapables d'aider leur progéniture à surmonter leurs difficultés scolaires. Héritiers de la Révolution culturelle, les adultes gardent le silence jusqu'à perdre toute légitimité auprès de leurs enfants retranchés dans le mutisme. Régulièrement, les journaux rapportent de nombreux actes de violence contre tel professeur ou tel parent. Au cœur du problème: les difficultés de communication entre les enfants, les familles et les enseignants.

> Le suicide d'une jeune lycéenne du Qinghai est particulièrement significatif. Reçue quatrième au concours d'entrée de l'enseignement supérieur (le *gaokao*), elle vit se refermer sur elle toutes les portes des universités simplement parce qu'elle venait d'une province pauvre et méprisée. Nombre de ses camarades, enfants de cadres du Parti corrompus, ont quant à eux bénéficié de tous les passe-droits, et ce, quels que soient leurs résultats à l'examen!

Les élèves subissent la pression sans cesse croissante de l'école (la sélection pour l'université est des plus féroces) et portent sur leurs épaules la lourde responsabilité de racheter les échecs de leurs parents. Le suicide représente ainsi la première cause de mortalité des 15-35 ans. Un jeune Chinois décide de mettre fin à ses jours après avoir perdu la face (punition, railleries, mauvaise note) ou s'être vu refuser l'entrée à l'université.

Autre gangrène de la jeunesse: l'essor en ville d'une mafia adolescente organisée en bandes qui sèment un peu partout la terreur (enlèvements et rackets en tout genre) et s'entre-déchirent avec une extrême férocité. À côté de ces délinquants, des millions d'enfants errants tentent de survivre dans les zones urbaines. Les plus faibles se retrouvent dans les décharges à recycler des immondices pendant que les chefs s'efforcent de défendre leur bout de territoire. D'autres jeunes exercent de petites activités. Tous les moyens sont bons, du pickpocket au commerce ambulant de roses. Bien souvent, ces enfants se retrouvent sous la coupe d'adultes qui les exploitent en échange d'un repas, d'un gîte et d'un petit salaire.

Malgré tout, le portrait de la jeunesse chinoise n'est pas si noir: 97% des jeunes sont scolarisés et le nombre d'analphabètes a considérablement chuté. Néanmoins, l'État investit peu dans l'éducation. Les enseignants reçoivent une formation minimale, et le métier n'a plus la cote: qui donc accepterait d'exercer cette noble activité en échange d'un salaire de misère? Les écoles tentent alors par tous les moyens de soutirer de l'argent (hausse des droits d'inscription, paiements anticipés, taxes, etc.) aux dépens des plus démunis. Heureusement, des mécénats (associations locales et fondations) existent, et des pays comme le Japon subventionnent certains lycées de régions en difficulté.

La civilisation chinoise: passé, présent, futur

1

1

Le système éducatif chinois

En Chine, les gouvernements locaux ont la responsabilité de gérer le corps enseignant (déroulement des études, construction des écoles et établissement des salaires), mais les autorités centrales se chargent de fixer le contenu de l'enseignement. Le ministère de l'Éducation arrête en effet les programmes scolaires pour toutes les provinces. Après la suppression du système des bourses dans les années 1990, le coût de la scolarité a terriblement grimpé.

L'école obligatoire est d'une durée de neuf ans: six années de primaire et trois années de secondaire. La scolarité à l'école primaire est officiellement gratuite, mais l'achat de livres et les autres frais sont assumés par les élèves. De nombreux parents des régions les plus pauvres se voient donc contraints de retirer leurs enfants de l'école, faute de ressources financières suffisantes.

L'enseignement s'organise autour de plusieurs matières principales: l'apprentissage du *putonghua* (le chinois mandarin, langue commune), l'écriture et la lecture des caractères simplifiés, les mathématiques (calcul et géométrie) et l'enseignement moral (morale, politesse, hygiène, respect des aînés, comportement en société, etc.). Parmi les matières secondaires, on compte notamment le chant, la gymnastique, les sciences naturelles, le dessin, l'anglais, etc. Un examen qui conditionne le passage dans la classe supérieure est organisé chaque année à la fin juin.

Le programme du secondaire est divisé en deux longs cycles de trois ans. Des matières comme l'histoire, la géographie, la chimie, la physique, l'anglais et la politique viennent s'ajouter à celles du primaire. En fin de troisième année, un examen est organisé. Il détermine le type d'école pour le cycle suivant: écoles d'État (normale, médicale, technique, d'enseignement général, ou encore établissement public d'élite pour les surdoués dans une discipline donnée et les enfants de cadres du Parti) ou écoles privées (de prestige ou moins fortunées repêchant les exclus du système public).

L'apprentissage des langues étrangères comme tremplin vers l'avenir

L'ouverture de la Chine a entraîné un engouement extraordinaire pour l'apprentissage des langues étrangères. On ne compte plus les candidats désireux de parfaire leurs connaissances linguistiques dans l'espoir d'un voyage d'études à l'étranger. L'anglais occupe évidemment une position privilégiée, et seuls quelques établissements du secondaire sont autorisés à enseigner d'autres langues. Parmi celles-ci, le russe et le japonais se situent en tête de liste. Suivent ensuite le français et l'allemand.

> Actuellement, les établissements supérieurs connaissent une forte demande pour l'enseignement du français, ce qui devrait conduire à l'ouverture d'autres départements de langue française. Les Alliances françaises et les centres de langues privés ou semi-publics offrent également de plus en plus de cours en la matière.

Cette hausse vertigineuse de l'apprentissage des langues étrangères s'accompagne d'une forte pénurie d'enseignants. Les écoles, les institutions académiques, les entreprises comme les instituts de langues ont plus que jamais besoin de professeurs de langue. Un étranger peut dorénavant obtenir un poste très facilement: une expérience d'enseignement ou un diplôme en pédagogie ne sont pas exigés. La lourdeur bureaucratique n'est plus ce qu'elle était, et les démarches pour l'obtention d'un visa sont simplifiées. Le système chinois classe les professeurs étrangers en deux types: les spécialistes (diplômés de deuxième cycle dans une discipline connexe, ils bénéficient d'une expérience d'enseignement de haut niveau) et les simples enseignants (titulaires d'un seul diplôme universitaire, ils ont souvent moins de 25 ans). Les étrangers sans diplôme peuvent tout de même se voir attribuer un poste à l'école primaire, voire au secondaire, mais jamais à l'université.

> Une fois l'offre reçue, le candidat doit toujours s'efforcer de garder contact avec l'établissement et demander plus de détails concernant le contrat (statut, salaire, emploi du temps). Il est toujours possible de négocier son salaire en fonction de ses études et de son expérience. Bien souvent, l'école procure le logement et certains avantages (billet d'avion aller-retour par exemple). Le contrat est généralement signé après deux mois de probation. L'année scolaire s'étale de septembre à début juillet, et la semaine de travail compte généralement 15 à 20 heures. Si la langue d'enseignement est l'anglais, le nombre d'étudiants peut grimper facilement et atteindre 50 à 100, selon les cas. Si l'on comptabilise les activités hors classe comme la responsabilité d'un club anglais ou d'un cours sur la culture étrangère, les activités de promotion de l'école et les cours privés, il n'est pas rare de se retrouver avec des semaines de 50 heures. Il vaut mieux refuser toute activité les samedis et dimanches pour prendre le temps de souffler un peu.

La plupart des offres proviennent de Pékin et de Shanghai, mais il est plus facile d'obtenir un poste dans une région reculée aux conditions de vie difficiles. La demande d'enseignants est actuellement supérieure à l'offre: un vrai paradis pour les jeunes en quête d'aventure! Les ambassades de Chine, les organismes de placement et les agences de recrutement regorgent d'annonces d'écoles en quête d'enseignants. Internet constitue aussi un bon outil pour se trouver une place dans un établissement.

Les conditions de travail peuvent s'avérer difficiles: poussière, absence d'air conditionné et de chauffage ou encore insalubrité. L'apprentissage des langues étrangères témoigne bien d'un formidable élan vers l'extérieur, mais les méthodes auraient besoin d'un bon dépoussiérage. L'enseignement s'appuie encore sur une tradition ancestrale — les manuels remontent au déluge — et privilégie la répétition. Aucune place n'est réellement accordée à la réflexion; l'apprentissage par cœur constitue la norme. À cet égard, les jeunes Chinois ont souvent une excellente connaissance de la grammaire, mais peinent à aligner deux phrases dans une langue étrangère. Le système génère donc de petits génies déconnectés de la réalité et parfois peu éveillés. À noter que les étudiants ne choisissent pas vraiment leur filière universitaire: seul le score au *gaokao* détermine leur sort.

En classe, la parole de l'enseignant n'est jamais remise en question, et les «long nez» (les Occidentaux) inspirent généralement le respect. Les élèves demeurent bien souvent silencieux: difficile de susciter la participation dans de telles conditions. Pour les raisons évoquées plus haut, il n'est pas toujours aisé d'introduire de nouvelles méthodes pédagogiques.

Les universitaires n'aiment pas trop travailler. Comme la barre au concours d'entrée est particulièrement haute, ils se relâchent une fois à l'université. Parfois assurés d'obtenir leurs diplômes grâce à leur réseau relationnel, ils ne se

La civilisation chinoise: passé, présent, futur

montrent pas particulièrement coopératifs. Cela dit, non contents de recevoir de mauvaises notes d'un étranger, ils n'hésiteront pas à lui faire des cadeaux ou à l'inviter à un bon repas pour améliorer leurs résultats à l'examen!

Dans une société qui s'ouvre à la consommation, les jeunes, tiraillés entre tradition et modernité, désirent avant tout s'enrichir, s'amuser et surtout ne pas procréer. Tout compte fait, leur objectif est simple: éviter à tout prix de refaire les mêmes sacrifices que leurs parents.

LE QUOTIDIEN CHINOIS

Le rythme de la vie quotidienne des Chinois est fonction de l'âge et de l'activité. Les personnes âgées ont tendance à se lever plus tôt que la moyenne (entre 5h et 6h du matin), mais, en général, le petit déjeuner se prend entre 6h et 8h. La plupart des Chinois vont l'acheter dehors et reviennent le déguster à la maison. À dire vrai, bon nombre de travailleurs ont pour habitude de se restaurer à l'extérieur avant le début de la journée. L'heure du déjeuner se situe entre 11h et 13h30 et celle du dîner entre 17h30 et 19h30 (rarement après 20h). Ces précisions données, plongeons dans le vif du sujet: que vous réserve donc la vie de tous les jours en Chine?

LA LANGUE

Vous apprécierez davantage la vie quotidienne en Chine si vous savez comment prononcer les noms des gens et lieux fréquentés. Voici donc un bref rappel des principales caractéristiques de la langue chinoise.

Présentation générale

Dans un souci d'uniformisation de la langue, la République populaire de Chine a établi une langue commune (le *putonghua*) fondée sur le dialecte pékinois (le «chinois mandarin»). Le pays compte en effet de multiples dialectes, mais le mandarin fait office de langue véhiculaire, enseignée à l'école.

Le chinois est une langue monosyllabique. Élément signifiant de base, une syllabe est issue de la combinaison d'une initiale et d'une finale. Par exemple, *lao* (vieux) a pour initiale l et pour finale ao. Il existe un nombre limité de combinaisons (environ 400) régies par des règles précises. Les «mots» sont composés pour la plupart de deux syllabes. Comme le chinois comprend un nombre élevé d'homophones, ce sont les associations de syllabes qui rendent la langue intelligible.

Les éléments de la phrase chinoise restent invariables: ni féminin, ni masculin, ni singulier, ni pluriel. Les verbes ne comptent ni temps, ni modes, ni conjugaisons. L'ajout d'adverbes et de particules apporte les nuances nécessaires tandis que le contexte aide le lecteur ou l'auditeur à saisir le sens de la phrase.

Le *pinyin* comme système de transcription officielle du chinois

L'écriture phonétique alphabétique officielle du chinois est le *pinyin*, mis en place en 1958 par le gouvernement chinois. Fondé sur l'alphabet latin, il a détrôné tous les autres systèmes de transcription alphabétique. Très courant dans l'enseignement du chinois à l'étranger, le *pinyin* n'est utilisé en Chine que pour l'apprentissage de la prononciation des caractères à l'école et pour l'élaboration des dictionnaires. Un Chinois aura toujours plus de facilité à lire un texte écrit en caractères plutôt qu'en *pinyin*.

La phonétique chinoise est associée à des tons dont la justesse d'émission conditionne l'intelligibilité du discours. On distingue cinq tons marquant la hauteur du son.

LE *PINYIN*

Les différents tons

Premier ton (plat): **mā**

Deuxième ton (montant): **má**

Troisième ton (descendant et montant): **mǎ**

Quatrième ton (descendant): **mà**

Ton neutre: **må**

Prononciation des consonnes chinoises

b	entre le b et le p français
c	ts aspiré
ch	tch aspiré
d	entre le d et le t français
f	prononciation française
g	entre le g de «gaufre» et le k
h	h anglais de *have*
j	ressemble à tj. Toujours suivi d'un i ou d'un u
k	k aspiré
l	prononciation française
m	prononciation française
n	prononciation française
-ng	comme l'anglais *strong*
p	p aspiré
q	tch aspiré; toujours suivi d'un i ou d'un u
r	en début de syllabe: entre le j et le r; à la fin d'une syllabe: comme le r anglais de *near*

s	prononciation française
sh	ch
t	t aspiré
w	comme le ou de «ouate»
x	ch mais avec la langue contre l'avant du palais
y	comme le y de «yaourt»
z	entre le ts et le dz
zh	entre le dj et le tch non aspiré

Prononciation des voyelles chinoises

a	a français
é	dans les finales -*ian*, -*uan*, et dans *yan*
e	e français
eu	comme le eu de «heure» dans les finales -*er*, -*en*, -*eng*
i	i français; voyelle sourde après *c*, *r*, *s*, *z*, *ch*, *sh*, *zh*; -*ui* se prononce ouèi
o	o français
u	ou français; u après *j*, *q*, *x*, *y*; -*iu* se prononce iôuu; -*un* se prononce ouèn sauf après *j*, *q*, *x*, *y*
ü	u français

L'écriture chinoise

Dans les années 1950, le gouvernement chinois a décidé de simplifier l'écriture des caractères pour en faciliter l'apprentissage. La Chine populaire et Singapour utilisent officiellement ces caractères simplifiés tandis que Hong Kong, Taiwan, le Japon et la plupart des communautés chinoises à l'étranger ont conservé l'écriture traditionnelle.

Dans la langue écrite, chaque syllabe est associée à un caractère dont le graphisme reste invariable. L'écriture chinoise compte des milliers de caractères. Un dictionnaire officiel datant de 1986 en répertorie 56 000. Un lettré peut en maîtriser 6 000, mais au moins 3 000 sont nécessaires pour la lecture du chinois moderne. Les caractères permettent souvent de distinguer des syllabes ayant la même prononciation. Au cours d'une conversation, les Chinois tracent parfois du doigt, dans le creux de la main, l'ordre des traits d'un caractère pour éliminer toute ambiguïté.

Le quotidien chinois

2

一

Le quotidien chinois

LES TRANSPORTS

La bicyclette, le scooter et la moto

La bicyclette

Le commun des mortels se représente souvent la Chine comme le paradis des bicyclettes. Moyen de transport ultrasimple, le vélo a en effet l'avantage d'être bon marché et surtout très pratique dans un pays surpeuplé. Les grandes avenues offrent souvent une voie spéciale pour les cyclistes. Quel que soit l'endroit où vous vous trouvez, il est facile d'en louer (à l'heure, à la demi-journée, voire à la journée). Si vous optez pour la location, prenez garde de ne jamais laisser votre passeport en caution. Redoublez non moins de vigilance: les vols ne font pas exception en Chine.

Encore largement répandu dans le pays, le vélo perd pourtant de sa popularité dans les grandes villes. Développement économique oblige, Pékin ou Shanghai les délaissent au profit de transports motorisés. Emblème du pauvre, le vélo a désormais mauvaise presse en ces lieux, sans compter que la circulation de plus en plus dangereuse tend à rebuter les moins téméraires. Si l'expérience à deux roues vous tente en ville, n'oubliez pas d'ouvrir grand les yeux!

Depuis quelques années, le cyclopousse renaît de ses cendres dans certaines municipalités. Certains habitants ont flairé le commerce juteux et profitent aujourd'hui de son vif succès auprès des touristes. Mais attention! Ne vous y méprenez pas: le cycliste ne parcourt que de petites distances, et son tarif reste plus élevé qu'une course en taxi. Veillez toujours à négocier le prix du trajet avant de vous installer confortablement à l'arrière et vérifiez si le tarif proposé s'applique à une ou deux personnes.

Le scooter

Le scooter, plus rapide et moins physique que la bicyclette, se forge une solide réputation dans plusieurs villes. Sa conduite nécessite en théorie un permis, mais un certificat de possession ou d'immatriculation (délivrés uniquement aux résidants) fait bien souvent l'affaire en cas de contrôle policier.

La moto

La moto connaît également un succès honorable, surtout dans les régions montagneuses. À Pékin, la recrudescence des accidents a forcé les autorités à en réglementer la conduite. Un permis de conduire est requis pour les motos de cylindrée supérieure ou égale à 125 centimètres cubes. Toutefois, son obtention relève du défi et reste le privilège des seuls résidants. Quoi qu'il en soit, soyez prudent au volant!

La voiture, le taxi et le métro

La voiture

Seuls les résidants munis d'un permis de conduire (valable deux ans) peuvent louer une voiture en Chine. En outre, 18 ans est l'âge requis pour la conduite et 70 ans l'âge limite. Pour obtenir un permis chinois, il faut faire légaliser son permis d'origine (préalablement traduit) auprès d'un organisme officiel chinois. Les étapes essentielles pour la délivrance du document comprennent une visite médicale, voire un test du Code de la route.

Même si le réseau routier a reçu des améliorations incontestables ces dernières années, il est vivement déconseillé aux étrangers de prendre le volant. Sur les routes de Chine règne en effet l'anarchie: s'y côtoient en abondance véhicules non motorisés, motocyclettes, tracteurs et vélos, habitués à suivre leur propre code de la route. En ville, les embouteillages rythment le quotidien jusqu'à dénaturer le paysage urbain.

Si vous ne pouvez vivre sans voiture, il est recommandé de l'acheter sur place. La souscription à une assurance est obligatoire. En cas d'accident, prévenez les secours et le bureau de sécurité le plus proche. Vous aurez sans doute tout à gagner en louant une voiture avec chauffeur.

Le taxi

Le taxi représente de toute évidence le meilleur moyen de locomotion, à condition de s'adapter à la conduite parfois sportive du chauffeur. D'un tarif abordable, les taxis possèdent en effet un atout de taille: leur grand nombre.

Contrairement à l'Occident, il faut tendre le bras vers le sol pour les arrêter. Vous ménagerez votre porte-monnaie si vous faites signe à un chauffeur dans la rue plutôt que de l'attendre devant un hôtel ou un lieu touristique.

Il est conseillé d'avoir le nom de sa destination et son adresse personnelle ou celle de son hôtel sur papier et en chinois; vous éviterez ainsi bien des situations cocasses. Néanmoins, à l'approche des Jeux olympiques de 2008, les chauffeurs de taxi pékinois ont reçu l'ordre d'apprendre l'anglais, au risque de se faire retirer leur permis!

Le prix d'une course varie en fonction du confort de la voiture. En principe, le prix au kilomètre est affiché sur la vitre arrière, mais sachez que la nuit il est toujours revu à la hausse. Si aucun compteur n'est visible, il vaut mieux négocier avant le départ. En général, le coût initial est fixe sur une certaine distance. Sur de longs trajets, le chauffeur, incertain de trouver preneur pour le retour, peut augmenter le tarif de moitié. Arrondissez toujours au *renminbi* (unité de monnaie chinoise) supérieur lorsque vous réglez. L'usage du pourboire n'est pas établi en Chine, mais les temps changent. Dans les grandes villes, les chauffeurs s'attendent parfois à recevoir un pourboire (de même que les guides touristiques et le personnel hôtelier).

Le métro

Dans les grandes métropoles, le métro moderne fait désormais partie du décor. À Pékin, Shanghai et Canton, il se révèle sécuritaire, mais plus ou moins pratique — foule record aux heures de pointe et stations très espacées les unes des autres. La signalisation en *pinyin* (transcription phonétique officielle la plus usitée aujourd'hui) et parfois en anglais simplifie du reste la vie du voyageur. À Shanghai, une carte à puces rechargeable a récemment été introduite pour faciliter tous les déplacements, qu'ils soient en métro, autobus, bateau ou traversier.

Le train et les autobus

Le train

Emprunter le chemin de fer reste la solution idéale pour voyager en admirant les paysages. D'ailleurs, rien ne vaut le train pour se lier d'amitié avec les Chinois, souvent curieux de nature. Un bon moyen d'engager la conversation avec un passager est de lui offrir une cigarette (de marque étrangère de préférence) à fumer dans les endroits réservés à cet effet. Quoique lent, le transport ferroviaire a la réputation de suivre scrupuleusement son horaire, ce qui a le don de surprendre bien des voyageurs étrangers.

Si vous perdez patience aisément, l'achat de billets de train peut vite tourner au cauchemar. Les gares chinoises ressemblent à de véritables jungles dans lesquelles se frayer un chemin relève du parcours du combattant. Les guichets ouvrent d'ordinaire dès l'aube (à l'heure du premier départ vers 5h) pour fermer aux alentours de minuit, bien que certaines gares interrompent leur service à la clientèle une ou deux heures en milieu de journée. La prudence recommande de réserver quelques jours à l'avance, mais faire une réservation au-delà de trois jours et acheter des billets aller-retour sont chose impossible.

Rien de plus commode que de manger à bord: des employés poussant des chariots de nourriture passent régulièrement dans les allées du train. Vous économiserez cependant sur votre budget en achetant vos victuailles aux arrêts dans les gares. Chaque compartiment dispose d'un thermos d'eau chaude pour boire le thé ou préparer des nouilles instantanées (si vous rechignez à goûter la nourriture du train).

Un trajet en train se révèle souvent long et parfois pénible. Ne soyez pas surpris si, peu après le départ, la pénurie d'eau s'installe dans les sanitaires (d'ordinaire en piteux état). La chaleur peut très vite devenir insupportable et le trajet, rythmé par les cahots et les arrêts à répétition, désagréable. Sachez que les Chinois ont pour habitude de cracher les os de viande par terre et de jeter leurs ordures par la fenêtre. De simples détails que l'on finit rapidement par oublier, avec l'habitude.

Pour se procurer un billet de train, il n'est pas rare de faire la queue des heures durant en esquivant bousculades et coups de coude répétés. Si vous êtes chanceux, vous trouverez des guichets réservés aux étrangers. Vous ne verrez malheureusement pas toujours vos efforts récompensés. Dans certains cas, vous pourrez essayer de demander un simple ticket d'accès au quai (pour un prix dérisoire) afin de négocier, une fois dans le train et moyennant un supplément, une place auprès du contrôleur. Cela dit, pour éviter stress et perte de temps, demandez à l'hôtel, à une agence de voyages ou à un CITS (les fameux China International Travel Service proposant informations touristiques, organisation de voyages, achat de billets, etc.) de vous réserver vos billets.

Toutes les gares offrent le même choix de billets: le siège dur (à privilégier pour de courts trajets, vu les compartiments souvent bondés, sales et enfumés), le siège mou (place en première classe), la couchette molle (en première classe, préférence des Chinois d'outre-mer et des étrangers) et la couchette dure (le meilleur choix pour vivre au rythme des Chinois). Rappelez-vous que la couchette du bas — qui coûte le plus cher parce qu'elle dispose d'une tablette — est souvent prise d'assaut par les passagers qui aiment s'y asseoir. Encore que sans fenêtre, la couchette du haut (la moins chère) bénéficie d'un havre de paix, pour peu que vous parveniez à débrancher ventilateur et haut-parleur assourdissants. La couchette du milieu offre donc un bon compromis: vous pourrez y jouir à loisir du panorama.

L'autocar

L'autocar concurrence le train en termes de commodité. Avec couchettes, il présente tout le confort nécessaire. De multiples arrêts rythment cependant le trajet pour des raisons aussi variées que les repas, les pannes, l'essence ou le lavage du car. Le chauffeur adopte la plupart du temps une conduite épique, et les accidents sont monnaie courante. L'achat des billets s'effectue dans les gares routières, mais les agences de voyages, les CITS (China International Travel Service) et les hôtels offrent aussi un service de réservation. Par mesure préventive, il est conseillé de souscrire à une assurance (proposée dans les gares routières).

Les bus de ville et les trolleys

> En ville, les bus et les trolleys ont mauvaise presse auprès des étrangers: bondés, ils connaissent leur lot de bousculades et de coups d'épaule ininterrompus. Les règles de politesse à l'occidentale n'ont pas lieu d'être en ces lieux. Dans une foule anonyme, les Chinois n'ont en effet aucune raison de vous présenter des excuses. N'y voyez là aucun signe de grossièreté, mais plutôt une question de logique sociale: inconnu dans la masse, vous n'avez à faire l'objet d'aucun égard particulier.

Les signalisations sont écrites en mandarin uniquement, sauf dans les lieux touristiques où s'y ajoutent généralement des indications en *pinyin*. La destination finale est signalée en mandarin à l'avant du bus, mais le numéro de la ligne est écrit en chiffre arabe. Prenez soin de toujours repérer ce numéro et emportez le nom de votre destination sur papier (et en chinois) afin de vous faire indiquer l'arrêt désiré. Le ticket s'achète

auprès du contrôleur du bus. En général, les bus, qui roulent de 6h à 23h, s'arrêtent régulièrement, sauf si aucun autre passager ne désire monter. Précisez votre arrêt au chauffeur ou au contrôleur pour ne pas le manquer.

Le minibus

Le côté pratique des minibus s'impose surtout dans les endroits difficilement accessibles. Le prix du billet se discute avec le chauffeur qui démarre généralement une fois le véhicule suffisamment rempli de passagers. Victime de son succès malgré sa lenteur, ce moyen de transport bon marché est souvent bondé.

En ville, des minibus adoptent le même itinéraire que les bus de ville, mais, contrairement à ces derniers, ils ont l'avantage de disposer de 20 places assises. Un luxe!

Le bateau et l'avion

Bateaux et traversiers (ferries)

Nombre de rivières et fleuves de Chine charrient bateaux et traversiers (ferries). Les touristes prendront plaisir à s'offrir une croisière sur le Grand Canal impérial ou ailleurs. Les billets s'achètent sur les quais, dans les agences de voyages ou les CITS.

Les bateaux transportant passagers et marchandises sur les lignes maritimes (de Shanghai à Wenzhou par exemple) pratiquent des prix imbattables et souvent dérisoires.

L'avion

Les trajets intérieurs en avion présentent désormais beaucoup moins de dangers que par le passé. Grâce à la modernisation des réseaux, le marché aérien connaît un essor formidable. Un billet d'avion coûte bien sûr plus cher qu'un

2

voyage en train, mais la rapidité du vol fait toute la différence. Vu la popularité de certaines lignes, il est judicieux de réserver à l'avance ses billets. Encore une fois, l'agence de voyages, le CITS ou l'hôtel vous éviteront bien des désagréments. Il est possible aujourd'hui de réserver et de payer son billet sur Internet: le billet électronique émis de la sorte sera échangé contre un régulier à l'aéroport, au comptoir de la compagnie aérienne.

LES PRATIQUES DE CONSOMMATION

Le marchandage

En Chine, marchander joue un rôle de première importance dans les marchés, les boutiques privées ou les petites échoppes de rue. N'espérez pas faire des miracles dans un lieu très touristique: peu de chance d'obtenir un excellent prix auprès d'un marchand assuré de vendre ses produits au prix fort.

Les marchés offrent tout et n'importe quoi, y compris des animaux vivants ou morts (âmes sensibles s'abstenir). En général, les Chinois utilisent le système métrique, mais il n'est pas rare de voir encore certains endroits se référer aux unités de mesure traditionnelles. Pour mémoire, le *liang* équivaut à 50 grammes et le *jin* à 500 grammes; le *li* et le *chi* renvoient réciproquement à un peu plus de 575 mètres et à un tiers de mètre.

La manière chinoise de compter sur ses doigts diffère de l'occidentale. Entraînez-vous car elle se révélera très utile pour vos achats! (voir page ci-contre)

Première règle dans l'art du marchandage: négocier avec le sourire. L'astuce est de connaître le prix de la marchandise convoitée avant de débattre du prix. Le marchandage ne s'improvise pas et nécessite une investigation préalable. Il n'est pas exagéré de proposer la moitié du prix demandé, voire même le tiers ou le quart. Généralement, l'acheteur potentiel donne son prix, puis fait semblant de s'éloigner. Si le marchand laisse le client quitter les lieux, c'est que la générosité de ce dernier comportait des limites. Quoi qu'il en soit, le marchandage n'est pas une affaire à prendre à la légère. On ne marchande pas pour le plaisir et on ne refuse jamais le produit une fois le prix fixé. Agissez toujours à bon escient avant de décider d'une éventuelle négociation de prix.

Dans les magasins d'État, il est de bon ton de ne pas tenter l'expérience. Cela dit, vous pourrez toujours bénéficier d'une ristourne (en général, 10%).

La commande dans les petits restaurants de rue

De multiples petits restaurants — plutôt bons et pas chers — bordent les rues chinoises. Il est facile d'y grignoter quelque chose à toute heure ou d'emporter avec soi le menu commandé. Choisissez de préférence un petit restaurant bondé, car l'affluence de clients est plutôt bon signe. Un établissement vide devrait toujours éveiller la suspicion. Par mesure d'hygiène, il vaut mieux utiliser ses propres baguettes et son bol. Bien que de plus en plus d'établissements fournissent baguettes neuves et contenants (en carton ou polystyrène) jetables, apporter son nécessaire pour le repas évite de voir s'entasser dans les ordures les servi-

Manière chinoise de compter sur ses doigts

1 一

2 二

3 三

4 四

5 五

6 六

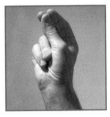

7 七

8 八

9 九

10 十

2

二

Le quotidien chinois

ces de table usagés. Dame Nature vous en sera éternellement reconnaissante.

La plupart du temps, le client sélectionne ses ingrédients qu'un cuisinier prépare à sa façon. Si la cuisine épicée vous déplaît, signalez-le en passant la commande. Vérifiez plutôt deux fois qu'une le prix du repas, car les étrangers non sinophones paient parfois le prix fort. Si votre note inclut le prix de l'eau chaude ou du thé, n'hésitez pas à contester l'addition. Personne ne paie pour ces boissons dans ce genre d'établissement!

Enfin, ne vous étonnez pas si le sol est jonché d'os et d'arêtes de poissons. Les Chinois ont pour habitude de jeter leurs restes par terre et d'éructer en signe de satisfaction.

LES PETITS DÉSAGRÉMENTS QUOTIDIENS

La vie en Chine peut se compliquer lorsque se présentent certaines situations désagréables. Aussi vaut-il mieux avoir une idée sommaire des désagréments potentiels avant le départ afin d'en atténuer les effets sur place.

Les conditions d'hygiène

Les toilettes chinoises à la turque jouissent d'une terrible réputation même si une nette amélioration se constate de nos jours. Mauvaises odeurs, saleté et manque d'intimité en font le cauchemar des étrangers. Comme aucune porte ne sépare les utilisateurs (vous trouverez au mieux un petit muret), préparez-vous à attirer les regards indiscrets. La plupart des toilettes sont payantes. Ayez toujours sur vous du papier-toilette à dépo-

ser, une fois souillé, dans une corbeille à côté des latrines. Le tout-à-l'égout fait effectivement encore défaut dans bien des endroits. Dans les campagnes, le même scénario se répète, à ceci près que les excréments et l'urine sont ramassés pour la fertilisation des champs. Notez qu'à Pékin les toilettes font actuellement l'objet d'une normalisation dans la perspective des prochains Jeux olympiques.

Dans les vieux quartiers, il n'est pas rare de trouver des maisons sans sanitaires. Les occupants ont pour habitude d'aller aux toilettes et aux bains publics. Toutefois, la nouvelle génération dispose d'une salle de bain à la maison.

Les petits hôtels bon marché ne sont pas réputés pour leur propreté. Une chambre sans eau et sans chauffage, des draps sales et la présence de rats dans les couloirs rendent parfois difficile le séjour du client.

Dans les petits restaurants de rue où la vaisselle est faite, toute la journée, dans la même eau douteuse, il est toujours préférable d'apporter son bol, son verre et ses baguettes.

Bien des Chinois ont gardé l'habitude de cracher dans les rues et de se moucher avec leurs doigts. Même si un tel comportement peut vous choquer, rappelez-vous qu'il n'est, aux yeux des Chinois, qu'une manière de se débarrasser des impuretés. Devant l'afflux des touristes ces dernières années, les habitants des grandes villes ont tourné le dos à cette pratique. Cependant, il n'est pas rare de rencontrer encore à l'occasion d'irréductibles ruraux (frais débarqués de leur village) ignorant la nouvelle tendance.

Il existe un endroit spécialement réservé au dépôt des ordures dans la rue, mais les Chinois indisciplinés l'ignorent ouvertement. Il n'est donc pas rare de voir des détritus joncher les ruelles. Les passagers des trains jettent également leurs déchets et bouteilles en plastique par la fenêtre, bien qu'ils se montrent de plus en plus sensibilisés aux problèmes environnementaux.

La délinquance

Le pays présente en général peu de dangers. Même s'il est bon de ne pas se laisser impressionner par la propagande alarmiste, restez tout de même sur vos gardes: la petite criminalité progresse. Les étrangers, rarement victimes de violence, constituent la proie idéale des voleurs en tout genre.

> Dans les trains, notamment en couchettes dures, évitez de laisser traîner vos papiers et votre portefeuille. Soyez vigilant dans les endroits bondés, endroits de prédilection des pickpockets. Dans les gares ferroviaires et routières, les bus de ville, les autocars et les toilettes publiques, la prudence s'impose. Pensez toujours à photocopier les premières pages de votre passeport. Emportez également des photos d'identité pour faciliter les formalités de remplacement de vos papiers en cas de perte. Si vous devez refaire votre passeport, sachez que vous devrez repayer un visa de sortie.

Méfiez-vous des racoleurs qui ont pour mauvaise habitude d'entraîner les étrangers dans des bars (où ils commandent nourriture, boissons et filles à volonté) avant de leur laisser régler une note salée.

Enfin, dans les situations critiques, ne soyez pas choqué par la réaction des Chinois pour qui le flegme prévaut: le traitement de votre problème sera fait dans les délais chinois. Patience!

La mendicité

Le problème de la mendicité en Chine apparaît dans toute son ampleur et sa complexité. Comme les disparités sociales s'accentuent, les mendiants pullulent aux quatre coins du pays. Les Occidentaux restent leur cible préférée, d'où l'affluence de vagabonds dans les sites touristiques. Les enfants, les plus féroces, sont prêts à tout pour recevoir une pièce. La sagesse recommande de ne pas encourager cette pratique. La plupart du temps, des adultes contrôlent les enfants qui font la manche. En cédant, vous cautionnez l'exploitation de ces pauvres petits diables tenus de remettre la mise à leur chef.

Le racisme

En dehors des grandes villes, vous entendrez peut-être certains Chinois vous interpeller d'un *Hello, laowai*. Le mot mandarin *lao* signifie vieux et *wai*, extérieur. *Laowai* renvoie donc à l'étranger en général. Employé de temps à autre avec une pointe d'ironie, le terme marque le plus souvent la surprise. Même si l'on se lasse de l'entendre à la longue, s'en offusquer serait une erreur. *Laowai* est en effet dénué de tout préjugé raciste. C'est uniquement la curiosité qui motive les Chinois à vous regarder avec insistance. Les étrangers sont généralement bien traités, mais il est vrai que les gens de couleur font malheureusement l'objet d'une grande discrimination: mieux vaut avoir la peau blanche en Chine...

La prostitution

La prostitution, bien qu'illégale, connaît aujourd'hui une nette progression. Les prostituées officient dans les karaokés

2

et les salons de «coiffure-massage». Les hommes seuls dans les grands hôtels sont souvent harcelés d'appels téléphoniques. Un conseil: débranchez le téléphone pour avoir la paix.

Certaines prostituées n'hésitent pas à piéger leurs clients avec la complicité de la police. Elles les attirent dans des hôtels où des policiers débarquent rapidement pour infliger une amende. En cas de problème, contactez votre ambassade ou votre consulat.

LES SOINS DE SANTÉ

Les séjours à l'étranger peuvent occasionner des effets néfastes sur la santé. Un résumé de la situation sur le plan sanitaire en Chine vous rassurera sans doute.

Mieux vaut prévenir que guérir

Connaître les maladies à risque

En Chine, tout voyageur peut être exposé aux coups de chaleur, aux coups de soleil, au froid, au mal des montagnes ou à celui des transports. En dehors de ces désagréments ordinaires, il existe d'autres maladies bien plus graves. En voici un bref aperçu.

Les maladies transmises par l'alimentation et une mauvaise hygiène alimentaire

Nul besoin de présenter la diarrhée du voyageur, tant elle est habituelle chez les touristes. Pour l'éviter, quelques précautions s'imposent. Renoncez aux crudités et aux fruits de mer ainsi qu'aux produits laitiers et aux boissons non industriels;

abstenez-vous de consommer de la viande ou du poisson cru et veillez à manger des fruits et des légumes pelés, lavés et cuits. En dehors des villes, faites bouillir l'eau destinée à la consommation ou à l'hygiène dentaire. Pour la stériliser, vous pouvez également vous procurer des comprimés de chlore en pharmacie avant votre départ. Consommez de préférence de l'eau en bouteille hermétiquement fermée. Si le mal se déclare, pensez à bien vous hydrater.

Rare est le risque d'attraper le choléra de nos jours.

Les maladies transmises par les moustiques

Le paludisme se limite à des zones rurales, surtout dans le Yunnan, le Guangdong, le Guizhou ou encore sur l'île de Hainan.

La dengue, maladie infectieuse virale, pose un problème plus sérieux et déferle périodiquement sur toute la moitié sud du pays.

Consultez votre médecin pour obtenir les médicaments appropriés si vous prévoyez séjourner dans ces zones.

Le sida

Le virus se propage actuellement dans des proportions dramatiques. La plupart des cas se trouvent au Yunnan, par où transite la drogue provenant du Laos et du Myanmar. Cependant, le scandale du sang contaminé décime en ce moment même la province du Henan. Les autorités tentent d'étouffer l'affaire, mais le nombre de cas grossit de jour en jour.

Protégez-vous et évitez tout échange d'aiguilles. Exigez toujours du matériel stérilisé pour les tatouages, l'acupuncture, etc.

Les vaccinations recommandées

Avant de partir, il est recommandé de se faire vacciner contre la diphtérie, le tétanos, la poliomyélite et l'hépatite B. La vaccination contre l'hépatite A est souhaitable. En cas de séjours prolongés, il est conseillé de prendre ses précautions contre la fièvre typhoïde (infection rare du tube digestif), la rage (dans des endroits isolés) et l'encéphalite japonaise (surtout en zones rurales, en période de mousson).

Se soigner

Tomber malade à l'étranger génère toujours un stress supplémentaire, d'autant que l'on ne sait pas toujours à qui s'adresser pour recevoir des soins. Voici quelques pistes pour vous aider en cas de coups durs.

La médecine traditionnelle chinoise

Le principe de la médecine chinoise repose sur une évidence. Mieux vaut rester en bonne santé pour éviter de prendre des médicaments. La recette est simple: pour vivre longtemps, il est préférable de manger équilibré, de faire de l'exercice et de bien dormir.

La consultation d'un médecin traditionnel commence toujours par la prise du pouls qui en dit long sur votre état. Selon les besoins, le corps est traité, dans son ensemble, par des plantes. Il faut en effet que les 12 organes vitaux (différents du système anatomique occidental) conservent leur équilibre: la substance vitale doit constamment conserver son harmonie dans le corps. Il existe six organes yin (le cœur, le péricarde, les poumons, la rate, le foie et les reins) chargés de produire, de transformer, de réguler et de stocker les substances vitales du corps, et six organes yang (la vésicule biliaire, l'estomac, l'intestin grêle, le gros intestin, la vessie et le «triple réchauffeur») dont le rôle

est d'absorber, de répartir et de trier les éléments nutritifs contribuant à la formation des substances vitales. En plus des 12 organes, on compte six entrailles (le cerveau, les os, la mœlle, les vaisseaux, l'utérus et la vésicule biliaire) et six climats pathogènes (le vent, le froid, la chaleur, l'humidité, la sécheresse et le feu). Pour la médecine traditionnelle, le corps et l'esprit ne font qu'un. Chaque émotion est reliée à un organe et à son système de fonctionnement. La tristesse et le chagrin par exemple sont en relation avec les poumons et la respiration. Une alimentation saine peut aider à restaurer l'équilibre; par temps froid, il est préférable de manger des aliments tièdes et chauds pour tonifier le corps.

L'acupuncture constitue une pratique très répandue dans le pays. Son but est de rétablir l'énergie en plantant des aiguilles dans différents points du corps correspondant à un organe, à une articulation, etc. La partie soignée est reliée à cet endroit particulier par une ligne d'énergie vitale. Le fait de planter l'aiguille dans ce point bloque la transmission de la douleur. L'acupuncture est très souvent associée à la moxibustion (stimulation par échauffement des points d'acupuncture avec de l'extrait d'armoise) pour soigner les affections psychosomatiques, les troubles locomoteurs ou les douleurs (migraines et troubles digestifs par exemple).

Les hôpitaux et les pharmacies

En dehors des métropoles, il existe relativement peu d'hôpitaux performants. Bien souvent, la qualité des soins est fonction de l'endroit. Les attentes sont plutôt longues, bien que les étrangers bénéficient d'un traitement de faveur. Cela dit, la situation sanitaire du pays s'est nettement améliorée depuis quelques années grâce au programme de vaccination, au développement des

Le quotidien chinois

2

pratiques sanitaires et à l'éradication des parasites et autres insectes porteurs de virus. Dans les hôpitaux, vous aurez le choix entre médecine occidentale et médecine traditionnelle. Dans les quartiers d'ambassades ou les quartiers d'affaires des grandes villes, il existe des cliniques étrangères où travaillent des médecins expatriés. Elles sont ouvertes 24 heures sur 24. Toutefois, sans assurance, le coût des soins peut se révéler exorbitant. Leur règlement est généralement exigé avant toute consultation.

Les hôpitaux possèdent leur propre pharmacie, mais les médicaments ne sont délivrés que sur ordonnance. Dans les villes, les pharmacies offrent un grand choix de médicaments occidentaux, le tout sans ordonnance.

La pharmacopée traditionnelle est disponible en pharmacie ou dans les marchés, sans ordonnance ou après consultation d'un médecin traditionnel sur place. Elle comprend des remèdes animaux, végétaux ou minéraux sous forme de pilules ou gélules. Il n'est pas rare de se voir administrer, entre autres choses, des décoctions à base de racines, d'écorces ou de peaux de lézards séchés.

LES LOISIRS

Comme la Chine connaît actuellement une extraordinaire prospérité, les habitants ont davantage les moyens de se divertir. Grâce à la réduction de la semaine de travail de six à cinq jours en 1997 et l'arrivée des trois semaines de congé payées en 2000, le temps consacré au loisir s'est considérablement allongé. Ci-dessous sont présentés succinctement quelques-uns des passe-temps les plus populaires dans le pays.

La télévision, le cinéma et Internet

La télévision

En Chine comme ailleurs dans le monde, la télévision remporte sans aucun doute la palme des loisirs. Alors que le pays ne comptait qu'une seule chaîne de télévision en 1978, on en dénombre désormais bien plus, sans compter les milliers d'autres câblées (80% des foyers y sont abonnés). Les programmes subissent une forte influence de l'étranger avec leur lot de feuilletons, jeux télévisés et dessins animés. Les émissions sportives sont également très prisées: les matchs de football et de baseball, tout comme les Jeux olympiques, font partie des favoris. Toutefois, le Parti, qui contrôle tout, est le seul à décider de ce qui peut être diffusé ou non. Tout ce qui s'apparente de près ou de loin au «trouble de l'ordre public» est sanctionné par une arrestation des responsables ou une interdiction de diffusion. Cela dit, il est plus difficile de contrôler les équipements satellites installés illégalement.

Le cinéma

Les Chinois iraient en moyenne 15 fois par an au cinéma. Bien que les autorités chinoises imposent des quotas de films étrangers pour protéger la production nationale, le choix du public s'arrête souvent sur des films hollywoodiens. Titanic a ainsi connu un succès indéniable. Bien des créations du pays réussissent tout de même à faire concurrence aux américaines, même si seulement 10% des élèves du primaire et du secondaire vont régulièrement voir des films chinois.

Internet

La Chine compterait plus de 60 millions d'internautes. Les cybercafés poussent comme des champignons, mais font régulièrement l'objet d'inspections par les autorités. Le ministère de la Sécurité publique et le ministère de l'Information et de la Technologie ont d'ailleurs mis en place depuis peu plusieurs dispositifs de surveillance. L'arsenal ne semble toutefois pas rebuter les utilisateurs.

Le tourisme national

Le tourisme national a enregistré un énorme succès les 20 dernières années. Auparavant, il était particulièrement difficile pour les Chinois de voyager. Les billets de transport coûtaient très cher, les infrastructures n'existaient que dans de rares endroits, et les gens, travaillant six jours sur sept les 12 mois de l'année, avaient rarement l'occasion de partir en voyage. Avec l'augmentation du niveau de vie, les citoyens sont encouragés par le gouvernement à voyager. De nos jours, les agences de voyages prolifèrent, et des millions de Chinois partent faire du tourisme, particulièrement dans les montagnes sacrées du pays, à Pékin et à Hong Kong. Les Chinois se plaisent aujourd'hui à découvrir leur patrie. Les régions exotiques où vivent d'autres ethnies attirent chaque jour davantage de curieux.

L'élevage d'animaux domestiques

En hiver, des revendeurs dans les marchés vendent des criquets présentés sur de petits tambours chauffés. Certains Chinois ont coutume d'acheter le petit animal pour ses talents de chanteur ou de combattant. Très populaires jadis, les combats de criquets se font plutôt rares aujourd'hui.

À part ces insectes, les oiseaux et les poissons comptent parmi les animaux de compagnie préférés des Chinois. Récemment, les chiens et les chats ont fait une percée significative. Alors que, dans les années 1960 et 1970, le gouvernement avait décrété que posséder un chien constituait un acte antirévolutionnaire et bourgeois, la situation a aujourd'hui bien changé. Nombre de

personnes en ville aimeraient désormais avoir un chien. Toutefois, 50% des citadins se déclarent contre le fait de posséder un animal familier à la maison.

Le karaoké

Excellent moyen d'établir des contacts plus étroits avec les Chinois, le karaoké (qu'on prononce *kala-OK*) ne vous laissera pas d'échappatoire possible: vous devrez pousser la chansonnette. Oubliez votre timidité, car bien d'autres hurleront au micro et chanteront plus faux que vous! L'important est de participer, mais attention aux oreilles sensibles…

Certains karaokés emploient des entraîneuses et sont connus pour être de véritables lieux de perdition. Renseignez-vous au préalable pour éviter les mauvaises surprises.

Importé du Japon, le karaoké est presque devenu une institution en Chine. Bien qu'il ait perdu récemment de sa popularité, il tient encore lieu de loisir favori des Chinois. Les établissements de karaoké se repèrent au sigle KTV. Les hôtels et les restaurants offrent l'attraction et possèdent parfois même des salons privés pour les réunions en petit comité. Considérez comme un compliment d'être invité à un karaoké: c'est le signe de votre bonne intégration au groupe.

L'activité physique

D'après les statistiques, un tiers des résidents adultes de Pékin et de Shanghai connaissent une surcharge pondérale. Vous aurez peut-être l'impression que les obèses chinois sont des oiseaux rares, mais l'obésité inquiète de plus en plus les autorités. De plus, 11% des enfants chinois du troisième millénaire sont en surpoids.

Le phénomène peut paraître bien étrange dans un pays qui valorise traditionnellement l'activité physique. Savants mélanges de philosophie et de croyances religieuses (confucianisme, bouddhisme et taoïsme), les arts martiaux chinois se pratiquaient autrefois pour garder la forme. Aujourd'hui, ils fascinent surtout la jeune génération obnubilée par les héros de films de combats. De renommée internationale, le *kungfu* requiert une discipline de fer que seuls de rares spécialistes peuvent se vanter d'observer.

À vrai dire, seuls le *qigong* et le *taijiquan* sont régulièrement pratiqués par les Chinois, souvent âgés et soucieux de leur corps.

Le *qigong*

Depuis une vingtaine d'années, la pratique du *qigong* (terme mandarin qui signifie «maîtrise du souffle»), encouragée par le gouvernement, s'est répandue dans les parcs chinois. Combinaison d'exercices de gymnastique et de techniques de respiration, le *qigong* réhabilite d'anciennes pratiques taoïstes et médicales. D'après les maîtres dans l'art, contrôler le *qi*, le souffle vital, rétablit l'équilibre indispensable à une bonne santé et protège des maladies. Les mouvements doux et les automassages servent effectivement à mobiliser, à réguler et à faire circuler l'énergie vitale. Grâce aux différents exercices pratiqués avec assiduité, le corps et l'esprit, en harmonie avec l'environnement, éprouvent une complète détente.

Organisée en de nombreuses écoles, la pratique du *qigong* subit malheureusement les revers du scandale du Falun Gong (association se réclamant de cet art et taxée de secte par le gouvernement central). Nombreux sont les fidèles du *qigong* à craindre aujourd'hui les représailles des autorités.

Le *taijiquan*

Au petit matin en Chine, les parcs fourmillent d'adeptes du *taijiquan* (aussi appelé *tai chi*), la boxe de l'ombre. Une légende raconte qu'un moine aurait inventé cette pratique après avoir observé la tactique de combat d'un serpent face à une grue. À force d'esquiver les coups de bec par des déplacements continus, souples et lents, le serpent serait venu à bout de l'oiseau, victime d'une contre-attaque soudaine. Très populaire auprès des personnes âgées, le *taiqijuan* repose sur les lois régissant l'interaction du principe Yin (négatif et féminin) et du principe Yang (positif et masculin). Pratique d'autodéfense à l'origine, cet art martial développe la souplesse et la force, améliore la circulation et relaxe tout autant qu'il restitue l'équilibre et encourage la méditation. Comme pour le *qigong*, le développement du *qi* (l'énergie vitale) constitue la base de l'apprentissage.

Vous aurez sans doute l'impression qu'en Chine toutes les personnes âgées s'adonnent à cette activité. Ne vous y méprenez pas, la plupart d'entre eux préfèrent une bonne partie de mah-jong aux exercices de *taijiquan*!

Le jeu

Le caractère *wan* (du mandarin signifiant «jouer») fait référence à tous les types de jeux: réflexifs, frivoles, érotiques, enfantins et bien d'autres encore. Pour les Chinois, réputés grands joueurs, toute occasion est effectivement bonne pour s'adonner au jeu. Depuis l'arrivée de Deng au pouvoir, ils se livrent à cœur joie à une pratique longtemps interdite par le Parti communiste, car jugée frivole. La part belle est laissée aux divertissements occidentaux (jeux de fléchettes dans les bars) et aux distractions en tout genre (jeux télévisuels, jeux électroniques, boursicotage, jeux-concours, etc.). Toutefois, l'esprit mercantile ne motive pas seulement cette résurgence: des pratiques traditionnelles telles que la pêche, la philatélie, les cerfs-volants, les jeux à boire, les jeux de cartes et le bricolage réapparaissent tout autant.

Trois jeux typiquement chinois tiennent le beau rôle en Chine: le *xiangqi*, le *weiqi* et le mah-jong.

Le *xiangqi*

Littéralement «échiquier de l'éléphant», le *xiangqi* est connu en Occident sous le nom d'«échecs chinois». Tout comme son pendant occidental, il tire son origine du Chaturanga, jeu d'armées indien qui se disputait autrefois à quatre.

Les échecs chinois se jouent à deux sur les intersections d'un plateau, d'ordinaire matérialisé par une grande feuille de papier. Deux camps s'y opposent: le rouge et le bleu (ou le noir). Les pièces de forme ronde, et habituellement en bois, sont rehaussées d'un caractère qui sert à les distinguer les unes des autres. Symbole de l'affrontement de deux armées, le jeu prend fin dès que le roi adverse est mat. Tout comme aux échecs, les différentes pièces (roi, mandarin, éléphant, aide de camp, chariot, pion, canon) suivent certaines règles de déplacement.

Même si les échecs chinois sont joués un peu partout en Chine, les deux jeux les plus populaires restent le *weiqi* et le mah-jong.

Le *weiqi*

Plus connu sous le nom de «jeu de go», le *weiqi* représente pour un Chinois le sport noble par excellence. Érigé en véritable institution en Chine, il fait l'objet de compétitions régulières avec la Corée ou le Japon, duels au cours desquels l'honneur des Chinois est mis à rude épreuve.

Jeu calme et réflexif, le *weiqi* symbolise la compétition pacifique où se côtoient sagesse, réflexion et esthétique. Deux joueurs disposent tour à tour une pierre de leur couleur (noire ou blanche) sur le *goban* (nom japonais de la surface quadrillée, objet de la dispute). Le but du jeu consiste à conquérir le plus de territoires possible, et les règles restent immuables. Au cours de la partie, le silence est roi, les observateurs n'interviennent jamais, et une pierre, une fois sur le *goban*, ne peut plus être déplacée.

Le mah-jong

Le mah-jong (du mandarin *majiang*) constitue de toute évidence le jeu le plus en vogue dans le pays. Même les nouveaux riches y consacrent leur temps libre. Nombreux sont les passionnés qui n'hésitent pas, en été, à sortir leur table dans la rue. Reconnaissable au son caractéristique des dominos, le mah-jong se joue surtout le soir.

Le mah-jong rassemble les gens des deux sexes, tout âge, toute classe et toute origine confondus. Comme le coup de dé initial détermine le premier joueur, le jeu contribue à éliminer les pesantes hiérarchies de la société chinoise.

Au mah-jong, le pari règne en maître. Quoique dérisoire en famille, l'enjeu est toujours de la partie. Certains adeptes deviennent même de véritables joueurs compulsifs, et les scandales de familles ruinées par le jeu défraient parfois la chronique. Dans les trains, des voyous profitent de l'engouement pour organiser des parties truquées et pousser les enchères. Mais jeu d'argent, le mah-jong matérialise simplement la quête du bonheur et la recherche d'une vie meilleure.

Assimilé à la débauche en raison de ses liens avec les paris, de son origine floue et de son côté mouvant (règles, choix des partenaires et enjeu improvisés), le mah-jong a longtemps subi le joug de l'interdiction. Les intellectuels le rabaissent injustement à un mélange frivole de bruits, de tasses de thé, de vapeurs d'alcool et de fumée de cigarette. Le jeu se joue à quatre en plusieurs manches, et son but est de faire mah-jong (réunir certaines combinaisons de tuiles échangées au cours de la partie). Composé de 144 tuiles en plastique ou en ivoire (ressemblant à des dominos) et de dés, le mah-jong s'apparente au poker avec ses brelans, ses carrés et autres séries.

Tout compte fait, la pratique du jeu en Chine, contrepoids à la perte des grands systèmes idéologiques, aide les adeptes à se libérer du lourd carcan des codes sociaux. À mi-chemin entre le talent et la chance, elle n'est finalement que le pâle reflet de la vie chinoise d'aujourd'hui.

Les enfants jouent aux mêmes jeux que leurs frères et sœurs occidentaux, mais ils apprécient également les jeux populaires. Ainsi, les tambours, les flûtes en bambou, les sifflets en plastique et autres jeux musicaux font un tabac auprès des plus jeunes. Les marionnettes pour les théâtres d'ombres et les jeux de billes remportent un succès similaire. Dans les parcs ou dans les rues, des artistes modèlent des figurines en sucre, pour le plus grand plaisir des enfants qui peuvent voir confectionner sous leurs yeux n'importe quelle forme, sur simple demande.

L'ART DE VIVRE EN SOCIÉTÉ

Chacun sait que les règles de bienséance diffèrent d'un pays à l'autre: ce qui est la norme ici risque d'être mal perçu là-bas. Comment donc s'y retrouver? L'objectif du présent chapitre est de vous aider à prendre vos repères en société.

LES PREMIÈRES RENCONTRES

Les premières rencontres font toujours l'objet de bien des inquiétudes: est-ce que l'on va bien se comporter? Est-ce que l'on va réussir à éviter les impairs? Est-ce que l'on va choquer? Autant de questions qui nécessitent une investigation préalable des habitudes à la chinoise.

Faire bonne figure en public

L'apparence physique

Quel que soit le pays, la tenue vestimentaire et l'apparence en général donnent toujours de la personne une première impression, bonne ou mauvaise. La Chine n'échappe pas à la règle: il est conseillé, pour ne pas s'attirer des regards interrogateurs, d'éviter de porter des vêtements aux couleurs criardes et des bijoux un peu trop voyants.

Au travail, la nudité féminine demeure encore un tabou: les femmes doivent en général couvrir leurs épaules. Dans les grandes villes, la pudeur perd toutefois du terrain, et les jeunes filles suivent désormais les habitudes de leurs sœurs occidentales.

La tenue de soirée est rare, sauf chez les personnes très fortunées. La plupart du temps, le costume de ville fait parfaitement l'affaire. D'ailleurs, les invitations écrites ne donnent aucune précision sur la tenue à adopter dans les soirées. De même, il n'est pas nécessaire de s'habiller pour aller au théâtre, car l'activité est jugée populaire.

L'art de vivre en société

3

Bien révolu le temps des cols Mao, des robes traditionnelles et des chaussures en coton (jugées dignes d'un vagabond). La plupart des Chinois s'habillent aujourd'hui à l'occidentale, avec un intérêt marqué pour l'élégance. Le complet strict et foncé (le plus souvent bleu marine), accompagné d'une cravate discrète, constitue la tenue officielle pour les hommes. En été, la chemisette sans cravate est tolérée. Même si la robe traditionnelle connaît un regain d'intérêt depuis peu, elle n'est portée par certaines femmes qu'en de rares occasions.

Même si nombre de Chinois attachent une importance primordiale à la propreté des vêtements, ils ne font pas de l'hygiène corporelle une obsession. La douche ou le bain quotidiens ne font pas l'unanimité. De même, l'eau de toilette pour hommes n'a pas encore gagné la faveur du sexe fort: elle reste le privilège des femmes. Seuls quelques riches irréductibles des métropoles osent aujourd'hui s'arroser de parfum.

Enfin, les personnes mariées ne portent pas d'alliance. Si vous rencontrez une Chinoise la bague au doigt, c'est sans doute qu'elle a décidé de faire sienne l'habitude occidentale.

Le langage du corps

Certains gestes n'ont pas la même signification en Chine qu'ailleurs dans le monde. Un Chinois peut très bien utiliser son corps différemment de vous pour exprimer un même message. De même, certains comportements parfaitement admis en Occident ont tendance à choquer en Chine.

Le pouce en l'air, le signe et les hochements de tête ont le même pouvoir évocateur qu'en Occident. Pour signifier sa désapprobation, le Chinois lève la main (et non le doigt) et l'agite de droite à gauche. Pour demander à quelqu'un de s'approcher, soit il utilise sa main, soit il bouge les doigts, le bras tendu et la paume de la main vers le bas.

Évitez de montrer quelqu'un du doigt, du pied ou de la tête, sous peine de passer pour un rustre. De même, abstenez-vous de vous affaler sur votre chaise pour ne pas nuire à votre réputation. Les femmes se garderont de mettre les mains sur les hanches, comble de la vulgarité.

Ne soyez pas surpris si les Chinois fixent les étrangers avec insistance ou n'hésitent pas à leur toucher cheveux et peau. Bien loin d'exprimer une quelconque hostilité, cette conduite n'est que le signe d'une grande marque d'intérêt à leur égard.

Les différences sexuelles

Les relations hommes-femmes

Même si la condition de la femme s'est largement améliorée depuis la seconde moitié du XXe siècle (l'égalité des sexes entre dans la Constitution), il existe toujours une grande différenciation entre les sexes. Le conjoint accompagne rarement l'autre conjoint dans les repas d'affaires, contrairement aux habitudes occidentales. De même, partager une chambre avec une personne du sexe opposé sans en être le conjoint est parfois vu d'un mauvais œil, mais rien n'interdit de passer quelques heures dans le salon privé d'un karaoké.

Bien que la société reste largement patriarcale, de plus en plus d'hommes, trop heureux d'échapper un temps au stress de la vie sociale, acceptent d'abandonner la conduite du ménage à leur épouse. Cela dit, un mari commandé par sa femme fait toujours l'objet de railleries. En public, le prestige masculin doit demeurer intact. Aussi, boire et fumer, activités réservées exclusivement aux hommes, sont utiles à préserver sa virilité. Dans les campagnes, les femmes se retirent rapidement d'un repas de famille pour laisser les hommes discuter entre eux, car seules les femmes d'un certain âge sont autorisées à participer à la discussion. Considérées comme de simples bouches à nourrir, certaines rurales désespérées vont jusqu'à mettre fin à leur jour. Dans les régions éloignées, il arrive que d'autres soient vendues comme épouses ou prostituées, sans le moindre espoir de s'en sortir.

Les jeunes couples s'embrassent rarement en public, mais commencent à se tenir la main dans les rues. Une relation sexuelle hors mariage pendant ses études à l'université est passible d'exclusion. Un Occidental désireux de fréquenter une Chinoise doit franchir bien des obstacles: la discrétion prévaut pour éviter les ennuis. Comme la prostitution est interdite, méfiez-vous des prostituées qui, de mèche avec la police, s'amusent à attirer les clients dans des guets-apens.

> Les stéréotypes sexistes subsistent dans le pays. La taille, la corpulence et le comportement des Occidentales déconcertent encore plus d'un Chinois. La femme en effet est tenue de se conformer à un certain idéal. Douce, raffinée et modeste, elle doit fuir la vulgarité et éviter d'élever la voix ou de faire de grands gestes. Dans le milieu du travail, les hommes sont souvent recrutés plus facilement que les femmes et mieux rémunérés.

L'homosexualité

Bon nombre de Chinois considèrent l'homosexualité comme une honte. Comme la tradition confucianiste veut que tout le monde s'assure une descendance, certaines personnes acceptent de se marier et de faire un enfant avant de divorcer pour pouvoir vivre leur homosexualité. Longtemps assimilée à un trouble psychique, l'homosexualité faisait encore partie de la liste des maladies mentales jusqu'en 2001.

> Les homosexuels trouvent souvent très difficile de se lier d'amitié avec d'autres personnes. Quelques courageux osent afficher publiquement leur préférence sexuelle, mais la plupart préfèrent rester discrets. Des structures non officielles (comme une *hot line* à Pékin) ont été mises en place pour leur permettre de trouver un soutien affectif. Toutefois, avec l'ouverture du pays, les mœurs évoluent. Les bars — identifiés à l'entrée par un arc-en-ciel, symbole de la communauté homosexuelle — et les lieux de rencontre pour homosexuels font leur apparition, de même que les cours universitaires sur la question. Le mariage homosexuel est cependant toujours interdit. Même s'ils ne sont plus considérés comme déviants, les homosexuels sont encore loin d'être acceptés par la société chinoise.

Les salutations

Les appellations

En chinois, le nom de famille précède toujours le prénom (à deux caractères, la plupart du temps). Ainsi, Long est le nom de famille de Long Ailian, et Ailian son prénom. Les femmes mariées ne prennent jamais le nom de leur mari.

Dans une conversation, les Chinois entre eux font précéder le nom de famille ou le prénom d'un terme de politesse lié à l'âge: par exemple, *lao* pour «honorable vieillard» ou *xiao* pour «honorable jeune personne». Dans vos relations, utilisez le nom de famille accompagné de «mademoiselle» (*xiaojie*), de «madame» (*taitai*), de «monsieur» (*xiansheng*) ou du titre professionnel. Les prénoms sont rarement utilisés dans la vie courante, sauf entre bons amis. «Camarade» (*tongzhi*) est à proscrire, à moins que vous ne désiriez déclencher l'hilarité générale.

Bien des Chinois aujourd'hui sont affublés d'un prénom anglais, malheureusement pas toujours du meilleur goût.

Les règles à respecter

Quelques conseils s'imposent pour éviter les bévues au cours des premières rencontres.

Évitez les accolades (réservées aux amis intimes ou adoptées en certaines circonstances particulières comme les adieux), les embrassades et les baisers (qui mettront mal à l'aise vos partenaires). La poignée de main est la manière la plus courante de saluer. Le serrement est généralement prolongé. Si vous avez affaire à une personne d'autorité ou plus âgée que vous, enveloppez de la main gauche les deux mains serrées. Si la personne s'incline légèrement, c'est par déférence à l'égard de son interlocuteur. Toucher le bras de quelqu'un tout en lui parlant témoigne d'une grande familiarité. Évitez donc tout contact physique en dehors de la poignée de main. Les femmes quant à elles se garderont de frôler un moine bouddhiste, summum de l'indécence.

Entre gens du même sexe, il est fréquent de se mettre la main sur l'épaule, de se tenir par la taille, par la main ou le petit doigt. N'y voyez rien d'autre qu'un signe d'amitié.

Apprenez que les distances entre les gens sont plus rapprochées en Chine qu'en Occident. Rien donc de plus naturel que de voir quelqu'un vous coller de près pour vous adresser la parole.

Les présentations formelles

Les Chinois suivent un protocole précis pour les présentations. Le but est d'établir une hiérarchie et d'aider l'interlocuteur à se positionner au sein du groupe.

Le code de conduite

Toute familiarité à l'américaine est à bannir absolument.

Si l'on a affaire à un supérieur (en âge ou par le rang), une recommandation écrite est la bienvenue. Il est également possible de se présenter avec une lettre d'introduction. Un appel téléphonique passé par un tiers peut également faire l'affaire. L'astuce est d'être présenté par un familier du cercle. Un intermédiaire s'impose également pour faire tomber les barrières dans les rencontres impromptues.

Toutefois, entre amis et face à quelqu'un de plus jeune ou en position subalterne, rien n'empêche de prendre l'initiative des présentations.

Un bon moyen pour un homme d'entrer en contact avec un Chinois est de lui proposer une cigarette (de préférence étrangère ou, à défaut, une cigarette chinoise de qualité). Les Chinois en effet fument beaucoup, bien que la cigarette soit désormais interdite (en théorie parfois!) dans les avions, les trains et les autocars climatisés. Notez qu'il est très impoli de demander à un Chinois d'arrêter de fumer. Veillez à toujours offrir une cigarette avant d'allumer la vôtre et rappelez-vous que, pour un Chinois, une femme honnête ne fume jamais.

L'échange des cartes de visite

Les cartes de visite, en vogue aujourd'hui dans le pays, sont d'usage relativement récent, mais se révèlent très pratiques pour les rencontres formelles. Ayez-en toujours à portée de main.

En carton léger et de format américain, elles sont d'apparence sobre. Pour les étrangers ou les Chinois les côtoyant, le bilinguisme est recommandé. Ainsi, le recto est écrit en chinois et le verso en langue étrangère, le plus souvent l'anglais. De nos jours, les hommes d'affaires chinois inscrivent de plus en plus leur nom occidentalisé en anglais (David Han par exemple).

Optez pour des caractères noirs. Pour le fond, préférez le blanc cassé ou des teintes légères (jaune, beige, bleu ou vert pâle). Évitez le blanc (couleur du deuil) de même que les couleurs vives et l'or (réservées aux restaurants et aux commerçants).

En général, on inscrit d'abord sur une carte de visite ses grades universitaires, à partir du deuxième cycle (discipline du diplôme et nom de l'établissement). Puis on ajoute la fonction (nom de l'entreprise, appartenance à des associations, instituts de recherche, etc.). La plupart du temps, seules figurent des précisions sur son lieu d'études ou son entreprise. Viennent ensuite, en gros caractères, le nom et le prénom. Pour éviter toute confusion possible, pensez à mettre votre nom de famille en majuscules, suivi de votre prénom en minuscules. Le grade, le titre ou l'appellation sont précisés en dessous du nom ou à sa suite (professeur d'université, chercheur, chargé de projet). La carte mentionne enfin l'adresse et le téléphone. L'adresse est toujours rédigée du général au particulier: province, préfecture ou municipalité, arrondissement urbain ou canton, commune, rue, venelle, numéro,

bâtiment, étage, appartement ou unité (bureau, université, entreprise).

Une carte de visite se présente et se reçoit toujours à deux mains. Elle peut servir de billet court pour certains événements tels que les mariages, le Nouvel An ou les funérailles.

LA CONVERSATION

Bien se présenter ne suffit pas pour faire bonne impression en Chine. Savoir comment aborder une conversation sans choquer évite également bien des bévues.

Le premier échange

Bien souvent, les Chinois veulent profiter de la présence d'étrangers pour pratiquer leur anglais. Pour eux, le simple fait d'être Occidental garantit la maîtrise de la langue de Shakespeare. Ne soyez donc pas surpris si l'on vous bombarde de questions en anglais.

L'entrée en matière

Les premiers mots servent souvent à tester l'interlocuteur. Le Chinois se propose de pénétrer l'intimité de l'étranger pour mieux le cerner: l'enjeu n'est autre que d'établir une relation de confiance.

Face à son interlocuteur, le Chinois s'inquiète d'abord de savoir s'il a bien mangé (*ni chibaole ma*; *ni chifanle meiyou*). Toutefois, ne prenez pas la question au pied de la lettre et, même si vous ne sortez pas de table, répondez simplement par l'affirmative. Comme la nourriture occupe une place privilégiée en Chine, poser une telle question est un moyen de s'assurer que la personne se porte bien: si l'estomac est rassasié, tout devrait aller pour le mieux!

La première conversation tourne généralement autour de la pluie et du beau temps. Si vous assistez à un banquet, l'entrée en matière avant le début du repas dure entre 10 et 30 minutes. Ces discussions ne sont neutres qu'en apparence: elles ont pour rôle de se positionner par rapport à l'interlocuteur.

> **N'hésitez pas à poser des questions sur le pays, la géographie, l'histoire ou l'économie. Vous ferez ainsi bonne impression en affichant votre intérêt pour la culture chinoise. Si vous possédez quelques connaissances sur le sujet, faites-les partager. Vous susciterez l'admiration des Chinois qui ont souvent peu d'attentes des étrangers.**

Les incontournables questions des Chinois

Dans vos pérégrinations, vous vous rendrez très vite compte que les Chinois ont l'esprit curieux. Les mêmes questions ne manquent jamais de revenir. Un tel comportement n'a rien de malsain; il témoigne, au contraire, d'un désir de s'intéresser à l'autre.

Ainsi, les «longs nez» se doivent de livrer leur nom, leur unité (la *danwei*, ce qui revient de nos jours à nommer le lieu de son travail ou son occupation), leur adresse en Chine, leur lieu d'origine et leur âge. En Asie, l'âge est synonyme de sagesse, et les jeunes doivent le respect aux aînés. Contrairement à la tendance occidentale, plus vous êtes vieux, plus vous serez traité avec déférence.

Selon votre provenance, vous aurez peut-être droit à un étalage de stéréotypes. Le Français par exemple ne se départit pas de sa réputation de grand

romantique. Suivront d'inévitables questions sur votre famille. Elles constituent une preuve d'intérêt à votre égard puisque le clan revêt une importance primordiale en Chine. Les Chinois n'hésiteront pas à vous interroger sur vos parents, vos frères et sœurs, vos enfants et votre conjoint. Apprenez qu'ils trouvent le célibat étrange après 30 ans. Évitez de donner votre point de vue sur la taille idéale d'une famille: la politique de l'enfant unique reste un sujet délicat. Bien évidemment, ils voudront absolument connaître le montant de votre salaire. Afin de ménager les susceptibilités, expliquez la différence du coût de la vie entre la Chine et les autres pays.

Répondez à toutes les questions, sinon vous éveillerez les suspicions et susciterez l'incompréhension de vos interlocuteurs. La bonne volonté à répondre importe plus que la véracité du discours.

L'importance de la «face»

La question de la face (*mianzi* ou *lian* en mandarin), incontournable dans toute l'Asie, fait couler beaucoup d'encre. Toujours énigmatique pour bon nombre d'Occidentaux, elle fait partie intégrante de la vie sociale en Chine.

Présentation générale

La vie à la chinoise s'organise autour de trois éléments clés: l'argent, le pouvoir et la face. Alors que les deux premiers n'ont aucune raison de surprendre l'observateur étranger, la face a de quoi susciter les interrogations. Pourquoi lui accorder une si grande importance?

La face mesure la réputation et la dignité d'une personne. Elle est la preuve de la considération du groupe ou de la société pour quelqu'un. Elle se manifeste non pas par l'estime que l'on prodigue à soi-même, mais plutôt par le regard des autres sur soi. En Occident, les droits individuels bénéficient d'une égalité formelle, et l'individu est reconnu comme un être biologique, indépendant de ses semblables. En Chine, chacun est reconnu dans sa position par rapport au reste du groupe: un individu ne trouve sa place que dans le réseau qu'il se forge. En d'autres termes, l'homme n'existe que dans sa relation au monde qui l'entoure. Ses qualités personnelles ne peuvent s'épanouir que dans l'interaction sociale. Un Chinois cherchera donc toujours à préserver sa réputation tout en contribuant à celle des autres. Sa responsabilité morale ne s'exerce finalement que dans la réciprocité.

Toutefois, l'influence réelle dont la personne dispose n'est pas forcément reliée au titre du poste détenu. Un individu occupant une position subalterne peut très bien bénéficier d'une grande aura. L'importance de la face est conditionnée, il est vrai, par ses mérites personnels, mais aussi par les relations que l'on entretient avec des personnages influents. Difficile de s'y retrouver dans ces conditions!

La face fonde l'ensemble de la culture chinoise. Comme elle repose sur le sens communautaire, elle est devenue une notion intériorisée par tout Chinois qui se respecte. Étant donné son ancrage dans la vie sociale, la notion de face devrait survivre à l'industrialisation.

Perdre la face et donner de la face

La présence du public conditionne le fait de perdre la face ou d'en gagner. C'est en effet le groupe qui contrôle et régule les relations interpersonnelles. La sanction d'un individu tombe sous le regard du groupe ou est infligée par le discours d'autrui.

Il existe de multiples façons de perdre la face et de faire perdre la face à l'autre. En voici quelques exemples: la remise en cause, la condamnation ou l'insulte en public; une atteinte portée à la dignité; une mauvaise excuse pour refuser une invitation; la réfutation vigoureuse d'une proposition; une réponse négative qui met dans l'embarras; la perte du sang-froid (se laisser aller à la colère, sombrer dans le chagrin ou l'alcool) ou encore l'annulation d'un ordre.

Le plus sage est toujours d'éviter de dire non. Il est préférable de se confondre en excuses et de proposer une autre solution. La prudence recommande d'invoquer un cas de force majeure ou de laisser les choses volontairement dans le vague. La tactique est claire pour tout le monde, mais l'honneur est sauf.

Si votre comportement vis-à-vis d'un Chinois remet en question la position de ce dernier, vous blessez son amour-propre en mettant en péril son identité. En revanche, si vous vous laissez marcher sur les pieds, c'est votre honneur qui est touché. La règle se résume alors à se comporter en fonction de son rang: ni voir sa position sombrer, ni nuire à celle d'autrui. D'où l'importance de la conversation de départ pour se positionner dans la relation.

Se donner de la face et en donner à l'autre prime tout autant dans la relation. Les Chinois n'hésitent pas à faire étalage de leur richesse et à montrer ostensiblement ce qui fait naître l'envie. En somme, celui qui reçoit prend soin de faire savoir sa position tout en conférant toutefois la place d'honneur à son invité.

Les sujets tabous

Les questions d'ordre politique

Même s'il est permis de poser toutes sortes de questions au cours d'un premier entretien, certains sujets sensibles ne devraient pas faire l'objet de débats. Parmi eux, on compte la question du Tibet, l'indépendance de Taiwan, les droits de l'homme, les événements de Tiananmen ainsi que le groupe spirituel Falun Gong.

L'art de vivre en société

Évitez également de critiquer ouvertement votre pays. Vous ne réussirez qu'à mettre mal à l'aise votre interlocuteur.

Les questions d'ordre privé

En général, la sphère privée connaît peu de tabous. Toutefois, les discussions portant sur le sexe sont malvenues. Si les Chinois ont bien le sens de l'humour, ils ne souriront à vos plaisanteries grivoises que par courtoisie.

Abstenez-vous également de faire étalage du montant de votre salaire devant des collègues de travail chinois, sous peine d'exciter la jalousie ou de vous attirer le ressentiment.

LA RÉCEPTION DES INVITÉS

Lorsque l'on reçoit des invités, certaines obligations s'imposent.

Les règles de civilité

Rôles respectifs de l'hôte et de l'invité

Chez l'hôte

L'hôte se fait un devoir de se mettre au service de l'invité. Il lui offre ce qu'il a de mieux, du gîte au couvert en passant par les distractions.

Pour un Occidental, être invité chez un Chinois représente le plus grand des privilèges. Il convient donc d'être ponctuel. Généralement, on laisse ses chaussures à l'entrée. Il est parfaitement admis d'arriver à l'improviste pour une simple visite

de courtoisie, mais jamais aux heures de repas ou pendant la sieste.

La réception se tient dans le salon ou la bibliothèque. L'hôte convie l'invité à s'asseoir et lui apporte des rafraîchissements. De plus en plus de Chinois prennent l'initiative d'offrir aux étrangers du café, du coca-cola ou des sodas. Le minimum est de proposer une tasse de thé vert. Tout est souvent déjà en place pour le service: une petite table basse est mise à la disposition du visiteur pour qu'il pose sa tasse. L'infusion ne dure que quelques minutes, et le thé se prend sans lait, ni sucre ni citron. La coutume veut que l'on reçoive la tasse à deux mains. Habituellement, une soucoupe se trouve sur la tasse. Si tel est le cas, on entrebâille la soucoupe de la main gauche pour déguster le thé. Si la soucoupe fait défaut, on tient le haut et le bas de la tasse pour la porter à ses lèvres.

L'hôte propose généralement des fruits de saison, des gâteaux, des graines de pastèque ou encore des arachides en accompagnement. Par politesse, on le prie d'abord de ne pas se donner trop de mal, avant d'accepter de goûter aux petites gâteries.

Il est bon de ne pas proposer son aide dans les cuisines ou la salle à manger, sous peine de vexer le maître de maison qui ne se croira pas à la hauteur. On évite également de complimenter la personne qui reçoit sur ses éléments de décoration ou autre objet d'intérêt, parce qu'elle se verra dans l'obligation d'en faire cadeau.

Surtout ne pas s'éterniser une fois le repas terminé. L'hôte insiste toujours pour retenir son invité, mais il est poli de quitter les lieux en invoquant une occupation ou le désir de ne pas déranger plus longtemps.

Au cours d'un banquet

Autre façon de se retrouver convié à la table d'un Chinois: le banquet de bienvenue. Après un long voyage ou une longue route, l'hôte chinois se fait un point d'honneur d'aller vous chercher à l'aéroport, à la gare ou au port. Si vous venez en congrès, pour une rencontre d'affaires ou encore avec un groupe de professeurs ou d'étudiants, votre hôte prendra soin d'envoyer un comité de réception pour vous accueillir. Observez toujours la position hiérarchique de celui qui vient vous chercher pour avoir une idée de la vôtre. De même, la position sociale de celui qui vous raccompagne vous donne des indices sur le déroulement de votre visite.

La culture du banquet est fortement répandue en Chine. On prévient ses invités de la tenue d'un banquet par un carton d'invitation. Parfois, l'hôte formule son invitation en personne. On mange tôt, entre 11h30 et 13h le midi, et le soir entre 18h et 19h30. Si vous êtes convié à un banquet, arrivez un peu en avance. Sachez que celui qui invite ne laisse jamais l'invité mettre la main au portefeuille. Seul l'hôte règle la note, quoique l'invité propose toujours de payer par politesse. De toute façon, ce dernier se devra de rendre la pareille au cours d'un autre banquet. Si c'est vous qui payez, sachez que les pourboires ne se donnent que dans les établissements chics (15%).

Après la fatigue d'un long voyage, un long repas auquel vous ne pourrez échapper est organisé en votre honneur.

Comme à une invitation à la maison, on veille à ne pas s'attarder à table. Les banquets ne durent pas plus de deux heures (pas plus tard que 20h30). Il

arrive cependant qu'ils laissent place à d'autres distractions tels les jeux de cartes ou le karaoké, mais le cas est plutôt rare. Les hôtes reconduisent les invités jusqu'à leur véhicule, même si ces derniers s'empressent de refuser. Par courtoisie, ils s'excusent de ne pas pouvoir reconduire l'invité plus loin et attendent le départ de la voiture avant de regagner leurs pénates. Certains offrent même des provisions pour la route en cas de long trajet.

L'échange de cadeaux

Il est primordial de toujours apporter des cadeaux avec soi. La qualité et la valeur des présents témoignent de la considération que vous portez à votre hôte.

Les cadeaux s'offrent en de nombreuses circonstances: une première rencontre, une invitation officielle, un colloque, une réunion, etc. Si quelqu'un vient vous chercher, un échange de cadeaux s'effectue à votre arrivée chez l'hôte. Un petit présent fait toujours plaisir au moment des retrouvailles ou des adieux. En cas de succès aux examens, de promotions, de grands événements ou de fêtes traditionnelles, toutes sortes de petites surprises sont également les bienvenues. Mais un cadeau peut tout aussi bien cacher d'autres raisons plus subtiles: se décharger d'une obligation ou accompagner une demande de faveur, par exemple.

Le prix du cadeau ne fait l'objet d'aucun tabou. Au contraire, son indication est une marque d'attention à votre égard. Cela dit, bien des Chinois, au fait des habitudes occidentales, prennent soin d'enlever le prix avant d'offrir leur présent à un étranger.

La couleur de l'emballage revêt son importance. Le rouge évoque la chance tandis que le rose et le jaune renvoient au bonheur et à la prospérité. Le blanc, le gris et le noir, qui connotent la mort, sont à proscrire.

L'art de vivre en société

3

Un cadeau s'offre et se reçoit toujours à deux mains. La politesse recommande de ne pas l'ouvrir au risque de trahir sa convoitise. Par modestie et humilité, on refuse une ou deux fois le présent avant de l'accepter, car il est bon de s'en montrer indigne. Néanmoins, refuser catégoriquement un cadeau gentiment offert constitue une grave offense.

Prenez garde de ne pas offrir de présents trop coûteux: ils mettent mal à l'aise. En tant qu'étranger, vous aurez tout intérêt à offrir un produit exotique ou une spécialité de votre pays. Évitez cependant les fromages et les produits laitiers, généralement peu appréciés. Préférez des vins liquoreux, car les vins occidentaux sont jugés trop acides. Pour ce qui est des alcools forts, le cognac représente une valeur sûre. Le café, à la mode, fera le bonheur de plus d'un Chinois, mais choisissez de l'instantané (difficile de trouver des cafetières électriques en Chine).

Les hommes entre eux et les femmes entre elles peuvent s'offrir des vêtements et des accessoires d'habillement, mais la chose est déplacée entre gens de sexes opposés. Les livres (y compris la traduction de grandes œuvres en chinois), les articles de bureau (stylos, papier à lettres occidental, cahiers) et les bibelots ont toujours la cote. Aux personnes âgées, offrez des remèdes chinois. À un Chinois en convalescence, apportez de préférence des friandises, des aliments ou des médicaments traditionnels. Si vous rendez visite à des amis chinois à l'improviste, des fruits sont toujours grandement appréciés. Dans les rencontres professionnelles, veillez à distribuer le même présent à chacun. Si la chose est impossible, réservez le cadeau le plus prestigieux au chef de la délégation.

En tous les cas, évitez les pendules ou les horloges qui indiquent une fin proche. Les fleurs coupées, réservées aux inaugurations et aux funérailles, ne sont pas toujours reçues avec plaisir, bien que la mode occidentale ait gagné les grandes villes. Sont également à proscrire les couteaux (symbole du combat), les chapeaux verts (signe de l'infidélité du conjoint) ou encore les chaussures (dont le caractère chinois est homophone de «mauvais»). Si vous offrez des poires, abstenez-vous de les couper (le caractère de la poire est homophone de «séparation»). N'écrivez rien non plus en rouge au risque de marquer la fin de la relation.

Les manières de table

Disposition à table

Le plan de table suit certaines règles en Chine.

L'hôte s'efface toujours devant son invité. Au cours de banquets d'affaires, le chef de la délégation entre le premier. Dans les rencontres décontractées, la place d'honneur se trouve à la gauche de celui qui préside. Dans un repas officiel, elle fait face à la porte d'entrée, dos au mur. L'hôte se place dos à l'entrée, vis-à-vis de l'invité. Cette place stratégique protégeait autrefois les convives des attaques éventuelles. Dans les réceptions formelles, le protocole est scrupuleusement respecté pour éviter que l'invité ne se sente lésé.

Le reste des invités prend place autour de la table en respectant un ordre hiérarchique décroissant. Si les Chinois applaudissent à votre entrée, souriez et applaudissez en retour. Le plus poli est d'attendre que l'hôte et l'invité principal soient bien installés avant de s'asseoir à son tour. Entre amis, chacun choisit sa place tout en veillant à ne pas séparer les couples. Les femmes et les enfants des campagnes (où subsistent encore de vieilles habitudes) s'assoient à une table différente de celle des hommes au cours des banquets familiaux et des fêtes religieuses.

La table est généralement carrée pour un nombre d'invités inférieur à huit. Au-delà, on utilise une table ronde munie d'un plateau tournant. Dans les petits restaurants ou chez soi, il se peut qu'il n'y ait ni nappe ni serviettes. Par contre, il est fréquent de disposer d'une serviette éponge bouillante pour se laver le visage et les mains.

Ouverture et début du banquet

Comme il revient à l'hôte d'ouvrir le banquet, il est extrêmement impoli de saisir ses baguettes avant lui. L'hôte prend soin de choisir des morceaux et de les servir à l'invité de marque. Chacun se sert ensuite en veillant à toujours donner à ses voisins, par ordre de déférence, les morceaux de choix. Notez qu'il n'y a pas d'équivalent de *Bon appétit* en chinois. L'hôte donne le signal du début des réjouissances par des formules du type *chifanle* (mangez), *kaifanle* (commencez à manger), *qing yong fanle* (veuillez manger). Vous entendrez certainement l'expression *manman chi* qui incite les convives à prendre leur temps pour manger.

L'alcool n'est servi qu'au moment des entrées. Par politesse, abstenez-vous toujours de boire seul. Des toasts sont régulièrement portés en début de repas. La personne se lève en signe de respect et invite les autres à boire en lançant le fameux *ganbei*. L'expression signifie qu'il faut vider son verre d'un trait. Il est possible de refuser d'être resservi en posant le bout des doigts sur le bord de la coupe. Cela dit, mieux vaut donner une bonne excuse pour ne pas froisser et sauver son honneur. C'est à vous de connaître vos limites, mais n'oubliez pas qu'ivresse et perte de face vont de pair.

Déroulement et fin du repas

Au cours du repas, n'hésitez pas à montrer votre dextérité à manier les baguettes. La maîtrise de leur utilisation marque votre intérêt pour la culture chinoise et vous assure bien des compliments. Évitez cependant les grands gestes, baguettes en main. Ne les laissez pas tomber non plus, car c'est signe de mauvais présage. Comme les couteaux sont uniquement considérés comme des instruments de cuisine, n'en demandez pas à table. Contentez-vous d'une fourchette et d'une cuillère. Vous constaterez que les couverts ne sont généralement pas en métal: les Chinois considèrent qu'ils laissent un mauvais goût dans la bouche.

Chacun prend plaisir à piquer à sa guise dans les différents plats qui se succèdent. Par souci d'hygiène, des baguettes communes s'utilisent pour le service. Si elles ne sont pas mises à votre disposition, retournez vos baguettes avant de vous servir. Aussi, ne les plantez pas dans votre bol, mais posez-les sur le porte-baguettes ou, à défaut, à côté du bol ou sur une coupelle.

Veillez à ne pas finir votre assiette avant que tout le monde ne soit servi et essayez de goûter à tous les plats. Dans un banquet, évitez de porter le bol de riz à votre bouche et de l'arroser de sauce soja. Ne réclamez pas non plus sel, sauce soja ou poivre sous peine de donner la désagréable impression que le repas est mal préparé.

Complimentez toujours vos hôtes sur la qualité des produits. Rappelons que les Chinois accordent une importance primordiale à la nourriture. Si l'on se propose de vous resservir, refusez deux ou trois fois avant d'accepter.

L'art de vivre en société

3

À table, les tabous sont moins fréquents qu'en Occident. Préparez-vous à entendre vos partenaires roter en témoignage de leur satisfaction. Par contre, l'usage du cure-dent se fait discret (en cachant la bouche de la main gauche). Se moucher à table est particulièrement inconvenant.

Attention! On prend congé dès la dernière bouchée avalée.

La gastronomie chinoise

Un art culinaire

La cuisine chinoise est considérée comme un véritable art. Aucun interdit ne s'y applique, sauf pour les musulmans et les bouddhistes.

Rappelons au voyageur que la cuisine servie dans les restaurants chinois en Occident ne ressemble que de loin aux plats offerts sur place. De plus, la cuisine populaire est souvent bien plus huileuse, plus grasse et moins raffinée que celle des restaurants haut de gamme. Votre palais demandera sans doute un temps d'adaptation.

Sous l'influence de l'Occident, les habitudes alimentaires changent également: les *dim sun* (bouchées de nature variée) se trouvent désormais en surgelés; le micro-ondes a récemment fait son entrée, et l'autocuiseur à riz est devenu incontournable.

Habituellement, les Chinois séparent la cuisine du nord (à base de blé) de la cuisine du sud (où prédomine le riz) et différencient quatre grandes régions culinaires.

L'école méridionale dont le siège est Canton utilise le riz comme aliment de base. On y retrouve toutes sortes d'ingrédients en abondance. La cuisine a pour réputation d'être fraîche et légère, mais tout se mange, du chat au chien en passant par le serpent et les insectes. Le wok est l'instrument de prédilection du cuisinier dans cette région.

L'école orientale de Shanghai donne une cuisine plus sucrée, mais aussi plus riche en assaisonnements. Dans la région du bas-Yangzi, les fruits de mer (crabes, crevettes, coquillages et crustacés) remportent un franc succès. Les légumes, les pousses de bambou, les germes de soja et les racines de lotus en rondelles, les champignons parfumés ou noirs, les choux et les courges font le régal des uns et des autres. Certaines spécialités ravissent le palais, tels le jambonneau de Zhouzhuang ou les raviolis sautés.

L'école occidentale, celle du Sichuan, est réputée pour son goût relevé (de piments, de poivre et de gingembre). Comme le climat de la région est plutôt brûlant, un proverbe assure que «manger épicé permet de faire sortir la chaleur du corps». Les plats se font à base de porc, de volaille, de légumineuses, de graines de soja, de champignons, de pousses de bambou ou de viande marinée. Les principaux procédés utilisés sont la grillade et la cuisson à la sauce brune, à la vapeur ou à feu vif sans huile. Ne manquez pas la fondue locale avec du *doufu* (fromage de soja), mais préparez-vous à y tremper toutes sortes d'abats. Les légumes saumurés et le canard fumé font également partie des mets de choix.

Enfin, l'école septentrionale de la région de Pékin privilégie le blé ou le millet. Là-bas, on cuisine plutôt à la vapeur ou on utilise la friture sautée. On y découvre des petits pains (*baozi*), des nouilles, des crêpes fourrées, des galettes, des raviolis et les fameux rouleaux de printemps. Le poulet et le poisson d'eau douce occupent une grande place dans cette cuisine, et le chou se retrouve partout. Le canard laqué est la grande spécialité de Pékin. Sous l'influence mongole, le barbecue et la fondue ont gagné en popularité. Les convives se réunissent ainsi autour d'une fondue mongole (*huoguo*) pour y déguster du «mouton trempé» (*shuan yangrou*).

Notez que la Mongolie intérieure, la Mandchourie, le Xinjiang et le Tibet possèdent chacun leur propre cuisine.

La composition des repas

Un repas à la chinoise doit satisfaire les trois sens que sont le goût, l'odorat et la vue. Une cuisine de qualité se résume à un savant dosage des cinq saveurs: acide (*suan*), piquant (*la*), amer (*ku*), sucré (*tian*) et salé (*xian*). L'alternance du croquant, du fondant, du gluant et du sec fait le grand bonheur du palais.

La composition des repas dépend bien sûr du porte-monnaie, mais bien souvent un repas de fête compte trois services. Le premier se compose des entrées (*xiaocai*) destinées à faire descendre l'alcool des nombreux toasts. Froides et chaudes, elles se retrouvent sous la forme de hors-d'œuvre, de sautés ou de bols mijotés. Dans un banquet, il n'est pas rare de goûter aux œufs de cent ans. Après les entrées suivent les plats principaux (*zhucai*), en général de la viande. Dans un banquet, cochon de lait laqué, pieds de porc farcis et poulet rôti se retrouvent au menu. Un potage aux nids d'hirondelle vient parfois faire passer le tout.

Contrairement à l'idée reçue, le riz et les nouilles sont servis à la fin et n'ont pour vocation que de satisfaire les appétits féroces non encore rassasiés. Les desserts ne sont pas très prisés en Chine, mais on sert en fin de repas quelques petits délices sucrés et des fruits.

Les grands repas de réception peuvent compter entre 10 et 20 plats. Le nombre de plats principaux représente souvent le double des entrées. Comme le chiffre 9 est un chiffre fétiche, signe de longévité, on s'arrange pour avoir un multiple de 9. Les repas familiaux comprennent entre 4 et 10 repas dont une ou deux soupes pour faciliter la digestion du riz.

Comment parler des repas en Chine sans dire quelques mots des petits déjeuners? Ils se distinguent d'abord par leur extrême variété. Parmi les plus connus, le *doujiang youchao* (bol de lait de soja servi avec un beignet huileux), les nouilles de blé ou de riz à la viande, aux légumes ou autre. On peut également goûter le matin aux petits pains salés à la viande ou aux légumes et à leurs pendants sucrés fourrés de coco, de pâte de sésame, d'arachides ou de haricots rouges. S'y ajoutent un large choix de galettes, de gâteaux et de beignets. Nombre de Chinois prennent au petit déjeuner une bouillie de riz avec du soja, de la viande, du poisson séché ou encore des légumes salés et vinaigrés. Une vraie symphonie de goûts et de couleurs!

Les boissons

Incontestablement, le thé tient lieu de boisson reine en Chine. Tonique médicinale à l'origine, il prend son envol sous la dynastie des Tang (618-907) avec l'expansion du bouddhisme. En effet, les moines de l'époque avaient pour coutume d'en boire pour redoubler d'attention pendant la prière. En ces temps-là, les citadins qui découvrent cette boisson miracle commencent à ouvrir des maisons de thé un peu partout.

Le processus de torréfaction tel qu'on le connaît aujourd'hui ne date que de la dynastie des Ming (1368-1644). Avec l'arrivée des communistes au pouvoir (1949), les maisons de thé, considérées comme des entreprises privées, périclitent sous la pression du gouvernement. Aujourd'hui, elles connaissent un incontestable regain. On assiste chaque jour à l'ouverture de nouveaux types

L'art de vivre en société

3

L'art de vivre en société

3

de maisons dirigées par des Taiwanais et équipées d'ordinateurs avec accès à Internet.

Vous aurez sans doute l'occasion tôt ou tard de partager avec un Chinois une tasse de thé se résumant parfois à quelques feuilles jetées au fond d'une tasse et recouvertes d'eau bouillante. Le thé vert (*lücha*) est consommé en grande quantité. Parmi les variétés les plus renommées, citons le *maojian* (Hunan ou Guizhou), le *biluochun* (Suzhou), le *longjing* (Hanzhou) et le *maofeng* (monts Huangshan). Communément appelé le «thé rouge» (*hongcha*), le thé noir n'est pas en reste, pas plus que les nombreux thés parfumés (au jasmin par exemple). On trouve aussi, quoique plus rarement, du thé blanc (à base de jeunes pousses de thé vert) ou du thé jaune.

La préparation du thé nécessite une grande habileté. L'eau utilisée pour l'infusion ne doit pas bouillir, mais frémir à peine. Le thé vert donne son meilleur arôme s'il est infusé avec une eau à 70 degrés tandis que les thés noirs préfèrent une eau à 95 degrés. Pour imprégner votre théière de chaleur, versez-y un peu d'eau chaude que vous jetterez ensuite. La vapeur formée permettra à l'arôme des feuilles de thé de se développer. Dans un filtre à thé, versez deux à trois cuillères à café de thé, puis l'eau chaude. Reposez le couvercle. À chaque type de thé correspond un temps d'infusion. Cela peut varier de deux minutes pour les thés semi-fermentés à 15 minutes pour les thés blancs. Une fois prêt, le thé est versé aux trois quarts d'une tasse pour que l'arôme puisse s'épanouir au mieux.

La bière (*pijiu*) représente la deuxième boisson la plus populaire après le thé. Souvent peu alcoolisée, elle se trouve en bouteilles ou en canettes pour un prix modique. La bière pression connaît un bel essor depuis peu et tient la vedette dans les bars pékinois. Toutes les grandes villes peuvent se vanter de posséder leur bière locale. Aussi, le choix est particulièrement vaste. Des brasseurs allemands ont importé à l'origine la plus célèbre d'entre elles: la *qingdao*. La *liquan* se taille aussi une belle réputation dans tout le sud du pays.

Les Chinois ont longtemps délaissé le vin (*hongputaojiu*) au profit de l'alcool fort. Toutefois, la viniculture a fait des progrès remarqués ces dernières années. Quelques productions locales s'en tirent aujourd'hui fort honorablement, mais les plus grands crus proviennent de la coopération avec l'Occident (comme le Dragon Seal, un cabernet sauvignon, ou encore le fameux Dynasty, rouge sec servi à la table des hôtels).

Adeptes d'alcools forts (*jiu*), bienvenue en Chine! Impossible de passer à côté: les Chinois ne manquent jamais de clore un repas avec une bonne bouteille d'eau-de-vie, même de médiocre qualité. Le *maotai* (53 degrés) est sans doute l'alcool fort le plus célèbre dans le pays et accompagne tous les banquets. Le *xihui* (55 degrés) à base de sorgho, le *hejiefu* (alcool de lézard) du Guangxi et le *wulianghe* du Sichuan (mélange de millet, sorgho, riz, maïs et une autre graminée des rizières) ne détonnent pas non plus dans le paysage. Quant au cognac (*bailandi*), il fait toujours le bonheur des connaisseurs.

D'autres boissons peuvent également se déguster à tous les coins de rue tels le *jianlibao* à base de miel, les boissons gazeuses au litchi, le lait d'arachides ou les yogourts frais sucrés. Mais au risque d'être déçu ou rassuré (selon le cas), vous trouverez également à tous les coins de rue du coca-cola, des jus de fruits ou d'autres boissons gazeuses connues de tous.

LES GRANDS ÉVÉNEMENTS

Des cartons d'invitation annoncent les grands événements de la vie que sont la naissance, les anniversaires, les mariages et les funérailles. Si vous en recevez un, prenez soin d'y répondre par écrit (une carte de visite fera l'affaire). Généralement, la couverture comporte le motif de l'invitation tandis que la deuxième page donne des précisions sur l'organisation et la nature de l'événement. Sur la troisième page sont précisées l'adresse et la date. Le nom et le prénom apparaissent en plus gros caractères, et l'appellation est suivie de *shou* (à l'attention de).

La naissance

Depuis l'instauration de la politique de l'enfant unique, la naissance d'un enfant est devenue un événement sacré ou, au contraire, une épreuve douloureuse.

Dans les campagnes, la naissance d'une fille n'est pas toujours bien vue. Un enfant de sexe féminin sera en effet donné plus tard à une autre famille à qui il faudra verser une dot. Pour remédier aux abandons et aux infanticides de fillettes, le gouvernement chinois autorise dorénavant les paysans à avoir un deuxième enfant si le premier est une fille ou… s'il naît handicapé. En ville, l'enfant devient un petit empereur que l'on chérit comme un dieu. Rien n'est laissé au hasard pour le petit ange: meilleures écoles, meilleures formations et meilleures ac-

tivités pour en faire un petit génie. Toutefois, le taux de natalité baisse dans les centres urbains, où les couples, obnubilés par leur confort matériel, ne désirent plus procréer.

L'annonce

La plupart du temps, le père a pour mission d'annoncer une nouvelle naissance à la famille et aux amis, par téléphone ou en allant leur rendre visite. Les parents n'envoient pas de faire-part.

Les usages

Après une naissance, les proches peuvent aller au domicile ou à la maternité pour rendre visite à la nouvelle famille et présenter leurs félicitations. Parmi les cadeaux à offrir, citons les aliments reconstituants pour la mère et la layette de couleur rouge ou jaune (signe de joie) pour le nouveau né.

Dans les campagnes, les natifs du tigre de même que les hommes (autres que le père) ne peuvent voir le nouveau-né qu'un mois après la naissance, pour conjurer le mauvais sort. En ville, on évite parfois les visites pour des raisons de santé. Le premier mois, la nouvelle maman préfère en effet se calfeutrer dans sa chambre, rester alitée pour reprendre des forces et éviter de se laver.

Trois jours après l'accouchement, on effectue la première toilette du nourrisson. La famille organise un banquet où l'on mange des nouilles, symboles de longévité. La coutume suggère que les invités apportent des œufs et des gâteaux. Un mois après la naissance, on rase traditionnellement les cheveux et les sourcils du bébé et on lui donne un nom. Cent jours après l'heureux événement, les voisins et les amis rendent visite à la famille et lui offrent sucreries et œufs. Un banquet est de nouveau préparé. En ville, on offre des vêtements. Dans les campagnes, on donne au garçon des chaussures rouges et jaunes

3

avec une tête de tigre en surimpression (symbole de bravoure) ou un bonnet orné de même.

Le jour du premier anniversaire, on prévoit une fête au cours de laquelle l'enfant choisit un objet parmi ceux qu'on lui présente. L'objet saisi donne l'indication de sa vocation future.

Les anniversaires

La célébration d'un anniversaire n'est pas systématique en Chine. Les enfants et les personnes âgées sont les premiers concernés, et l'habitude de fêter l'événement est plus urbaine que rurale.

Prenez garde lorsque vous donnez votre âge en Chine, parce que l'on y comptabilise les mois de grossesse. Vous aurez donc toujours un an de plus pour les Chinois, voire deux. En effet, quel que soit votre mois de naissance, toutes les années lunaires parcourues sont prises en compte. Un bébé né le 1er septembre aura deux ans au début de l'année lunaire suivante, même si en réalité il n'a que quelques mois!

La célébration

Pendant les grandes fêtes, réservées au passage des dizaines, tout le monde mange des nouilles de longévité dans de la vaisselle jaune. Cela porte bonheur!

La tradition occidentale est devenue aujourd'hui la norme, et chacun fête son anniversaire tous les ans.

Les habitudes

Tout comme en Occident, il est fréquent d'offrir des cadeaux à la personne qui fête son anniversaire. La jeune génération fascinée par les coutumes occiden-

tales entonne même pour l'occasion un joyeux anniversaire en chinois. À ne pas manquer: la séance de photos.

Les mariages

Pour éviter des naissances précoces, les autorités limitent l'âge légal du mariage à 20 ans pour les filles et 25 pour les garçons, tout en leur conseillant de ne se marier qu'à 23 et 25 ans réciproquement. Malgré sa libéralisation, le mariage subit encore l'influence de la famille, de l'employeur, de la fortune ou des considérations de classe.

Le faire-part

Pour annoncer un mariage, le futur couple envoie des cartons d'invitation écrits en lettres d'or sur du papier vermillon.

La tradition

Le mariage civil ne constitue qu'une banale formalité, mais rien ne peut empêcher l'organisation d'un banquet.

La couleur de prédilection du mariage est le rouge, symbole du bonheur. Au jour J, le caractère du double bonheur, tout comme celui du dragon et du phénix (représentant l'empereur et l'impératrice), est placardé un peu partout. La nature du banquet est fonction de la richesse familiale, mais également de l'endroit où il se tient. En général, le banquet a lieu dans un restaurant luxueux où les invités se partagent de grandes tables rondes. La vaisselle de couleur rouge ou rose témoigne de l'euphorie ambiante. Traditionnellement, le menu propose de l'oie (symbole du bonheur conjugal), mais jamais de canard (dont le caractère est homophone de l'hypothèque, mauvais présage par excellence).

À la campagne, la mariée s'habille en rouge à la manière traditionnelle, mais revêt parfois une robe de style occidental. Le marié, en costume occidental (chemise et chaussettes rouges), va chercher sa bien-aimée chez ses parents avant de l'emmener dans sa propre maison familiale où se tient le banquet. La mariée voyage dans un carrosse, un camion, un taxi, une voiture louée ou autre.

À la ville, certains couples préfèrent organiser une cérémonie intime au restaurant ou encore à la maison.

> Les mariages sont de plus en plus souvent organisés par des agences spécialisées. Ces dernières prennent en charge l'événement du début à la fin. Tout est organisé au millimètre près: la visite du marié à sa future épouse, la séance photo avec costumes et décors, le banquet, la décoration, le film-souvenir, etc. Des claquements de pétards préalablement enregistrés sur cassette annoncent la première apparition de la mariée sur le pas de la porte. L'heureuse élue est emmenée par son futur conjoint en voiture de location ou en limousine (pour les plus riches).

Souvent, la préférence est donnée aux habits à l'occidentale, mais la mariée troque parfois sa robe blanche pour une robe traditionnelle rouge au cours du banquet. Pendant la fête, les jeunes époux partagent le même verre de vin et se déplacent de table en table pour porter un toast aux invités qui font de même en retour. Les mariés offrent des petits cadeaux aux convives (souvent des cigarettes) et reçoivent en contrepartie de l'argent dans une enveloppe rouge (*hongbao*).

Après la cérémonie, les amis intimes et la famille accompagnent le couple dans sa chambre pour lui faire des farces.

De nos jours, la lune de miel se popularise: certains jeunes gens décident de partir dans un endroit touristique à la mode, voire même à l'étranger.

Les funérailles

D'après la tradition, le fils aîné a pour mission d'organiser des funérailles convenables pour ses parents. La famille procède à une cérémonie au cours de laquelle elle rend hommage au défunt.

L'incinération est désormais obligatoire en ville.

Le faire-part

Le faire-part est envoyé par la famille ou, dans le cas de personnes haut placées, par le comité d'organisation des funérailles. Généralement de couleur blanche, il est écrit en lettres bleues ou noires.

La coutume

La couleur associée à la mort est le blanc.

Les personnes présentes aux funérailles revêtent des habits de couleur sombre. Certains hommes portent des cravates noires et un chrysanthème blanc ou jaune à la boutonnière, ou encore un mouchoir blanc sur la tête. D'autres, en chemise blanche, arborent un brassard noir autour du bras. Les femmes rehaussent leurs cheveux d'une fleur blanche.

Les habitudes diffèrent selon les régions, mais bien souvent une couronne de fleurs est déposée sur le cercueil.

La cérémonie a lieu à l'hôtel des funérailles, où chacun présente ses condoléances à la famille. Le cercueil est généralement fermé, sauf si la personne est influente pour permettre aux gens de venir se recueillir. Pour saluer le mort, on s'incline, les bras le long du corps. Une musique funèbre et des pétards sont parfois associés à la cérémonie. Après la minute de silence, l'éloge funèbre et les allocutions viennent clore les funérailles. Un repas est servi aux personnes pré- sentes pour les remercier d'avoir assisté à la cérémonie.

LES PRATIQUES EN AFFAIRES

Depuis la réforme de Deng Xiaoping, nombre d'Occidentaux envisagent de commercer avec la Chine. Or, les pratiques en affaires des Chinois diffèrent quelque peu des habitudes occidentales. Vous trouverez ci-après quelques conseils pour éviter le plus possible les écueils dans vos démarches.

LES PRÉLUDES

Un premier travail d'exploration s'impose avant de commencer tout échange commercial.

Des préjugés à dépasser

L'homme d'affaires chinois est bien souvent décrit comme le diable en personne, un sournois qui n'hésite pas à employer tous les moyens (même les plus pernicieux) pour arriver à ses fins. De son côté, le système économique chinois fait l'objet de bien des discours contradictoires. Voici donc quelques éclaircissements.

Le portrait du négociateur chinois

Le négociateur chinois a rarement bonne presse en Occident. Redouté, on le croit fourbe et malhonnête. Pourtant, comme tout bon négociateur, il fait preuve d'une intelligence rusée et d'une grande souplesse. S'il devient redoutable en négociation, c'est toujours pour une bonne raison: le comportement hostile de l'adversaire. Si vous observez un durcissement de la position chinoise au cours de la négociation, analysez vos faits et gestes pour déceler les faux pas de votre équipe. Un Chinois ne mène en effet une lutte sans merci que si, en soldat combatif, vous avez ouvert le feu. Retenez qu'une négociation pour un Chinois ne se fait jamais au hasard. Elle n'aboutit à de bons résultats qu'une fois les objectifs clarifiés. Que trouver à redire à leur méthode? Ne partageons-nous pas tous la même ambition?

L'homme d'affaires chinois est également accusé de corruption. Même s'il est bien naïf d'ignorer l'existence de celle-ci en Chine (les scandales à répétition tirent régulièrement la sonnette d'alarme), il serait faux de croire que tous les Chinois sont corrompus. Si le gouvernement mène une véritable chasse aux sorcières pour lutter contre le fléau, sa motivation est avant tout stratégique. Il cherche à maintenir en place la conception traditionnelle du pouvoir. Or, les nouveaux membres du Parti ne sont plus des communistes avertis, mais des hommes d'affaires à la recherche d'appuis pour mieux réussir. La dérive vers la corruption est donc facile, mais elle n'est pas systématique. D'ailleurs, elle se manifeste surtout dans les zones riches du sud (le Guangdong), où les pots-de-vin sont pratiques courantes, et dans les régions reculées, où le contrôle est moins rigoureux. Nous verrons un peu plus loin comment contourner la corruption sans en subir les conséquences.

Le système politico-économique chinois

Un autre sujet qui fait l'objet de bien des discussions passionnées concerne l'avenir du système politico-économique chinois.

Deux écoles s'affrontent sur ce point.

• Certains mettent en avant le caractère original du système chinois et refusent de croire que l'économie sociale de marché laissera inévitablement place à une économie forgée sur le modèle occidental. C'est bien méconnaître la Chine que de croire que le libéralisme en vogue actuellement dans le pays accouchera fatalement d'un système démocratique: calquer le modèle occidental sur un système radicalement différent, c'est pécher par ethnocentrisme.

L'État est encore puissant, et le Parti tient toujours les rênes du pouvoir centralisé. Les actions politiques n'ont en rien changé, même si le pays s'est modernisé et a adopté partiellement le système capitaliste.

Si les dirigeants ont lancé la modernisation du pays dans les années 1980, la tactique n'annonçait en rien le déclin du Parti. Leur décision résultait davantage d'une évolution. Les données devaient être modifiées pour préserver le meilleur, à savoir la place de la Chine sur la scène internationale, la reconquête de la dignité chinoise et la construction de l'identité nationale. L'économie sociale de marché dont l'objectif premier était de sortir la Chine du sous-développement constituait le fil directeur de la politique à l'époque. Les régions et les secteurs les plus favorisés ont profité les premiers du décollage économique.

Pour éviter l'éclatement de la Chine aux prises avec des inégalités grandissantes et contrer l'assujettissement du pays aux Occidentaux, le gouvernement a conduit une thérapie de choc. Il a tout d'abord limité les importations à leur minimum: le pays devait fabriquer le plus possible sur place à partir du savoir-faire étranger. En faisant surtout affaires avec les Chinois d'outre-mer (de Taiwan, de Hong Kong et de Macao) et en équilibrant les achats, la Chine est parvenue à éviter que la machine ne s'emballe. Le Parti avait pour objectif de mater les provinces sans porter atteinte à leur dynamisme et de tenir le gouvernail tout en permettant aux entreprises de gérer leurs propres affaires.

Aujourd'hui, presque tous les ministères techniques ont disparu, et les entreprises d'État sont en pleine restructuration. Pour drainer leur sureffectif, ces dernières ont notamment donné le droit à leurs employés en sureffectif d'exercer un second emploi ailleurs. Ceux-ci peuvent ainsi s'absenter de leur travail tout en continuant de toucher leur salaire!

Ceci étant, le secteur étatique, quoique déficitaire, représente toujours une bonne part de l'emploi urbain.

La décentralisation économique actuelle est née de l'accélération du rythme de développement: elle est censée aider le Parti à garder la situation bien en main. Le système politique chinois ne s'écroulerait donc pas, mais tenterait plutôt d'adapter la conception traditionnelle du pouvoir à la réalité.

• À l'opposé, d'autres avancent qu'au terme de la coexistence de deux idéologies incompatibles, le système démocratique à l'occidentale finira par prendre le dessus. À ce titre, le cas de l'Inde fait figure d'exemple. La Chine et l'Inde se ressemblent sur bien des points: la population, la civilisation plurimillénaire, le passé colonial et la forte croissance industrielle. Et pourtant, l'État indien repose sur un régime démocratique. Tout porte à croire que le système politique chinois pourrait lui aussi prendre le même chemin. Simon Leys, dans *L'Humeur, l'Honneur, l'Horreur*, réplique en ces termes à ceux qui prétendent que la démocratie n'est pas transposable en Chine: *Les Chinois n'ont pas inventé la machine à vapeur ni le moteur à explosion. Faut-il en conclure que les transports et communications en Chine ne sauraient avoir pour tout avenir que la brouette ou le mulet? [...] la quête de la démocratie en Chine a toujours été œuvre chinoise; il y a plus d'un siècle qu'elle mobilise les esprits les plus brillants, les plus courageux et les plus influents du pays entier, et son écho dans les masses ne fait que s'élargir.*

Quelle que soit votre attirance pour l'une ou l'autre de ces analyses, le plus sage est d'éviter d'orienter la conduite des affaires en fonction de l'avenir présumé du système politico-économique chinois. Car le pays n'a pas fini de vous surprendre.

Un nouveau système à explorer

Il convient de ne pas lésiner sur les étapes préliminaires d'une négociation. Rien de plus dangereux que de partir les mains dans les poches, sans une sérieuse préparation.

Le milieu des affaires chinois

Le milieu des affaires chinois est complexe et difficile à cerner pour un Occidental. La première difficulté vient de la lourde bureaucratie qu'il est indispensable d'apprivoiser.

Une bureaucratie écrasante

Le système chinois se caractérise par le règne de l'incertitude. Les nouvelles politiques et réglementations ne sont guère annoncées d'avance et encore moins discutées avec les étrangers. Il est donc recommandable de se référer à un consultant spécialisé en droit commercial international pour vous tenir au courant des dernières mises à jour, en matière de dédouanements par exemple.

> Sur le plan bureaucratique, le poids de la hiérarchie est écrasant. L'expérience dans le domaine est plus que millénaire: le bureaucrate est la Loi. Comme l'administration est liée au Parti, la politique joue le rôle de directeur des activités économiques. L'administration locale agit sous l'autorité de l'administration centrale, mais la responsabilité de gestion est souvent accordée aux acteurs économiques occupant le devant de la scène.

Comme les problèmes sont toujours traités à la base avant de remonter à l'échelon central, l'administration locale devient le passage obligé avant de négocier. En effet, il est vivement recommandé d'établir des relations avec l'échelon supérieur afin de réunir le maximum d'informations nécessaires à la bonne conduite de la négociation. La tactique vous permettra de requérir l'aide des autorités locales en cas d'incident.

Sachez aussi que multiplier les démarches auprès de plusieurs départements administratifs rassure les partenaires chinois. L'administration est relativement accessible en Chine. Si les faits contredisent l'argument, c'est que le problème vient de vous: soit votre personnalité ne plaît pas, soit votre projet ne tient pas la route. Le silence de l'administration devrait toujours éveiller l'inquiétude.

Un milieu hétérogène

Mis à part son côté hiérarchisé, le milieu des affaires chinois présente une grande hétérogénéité.

Tout d'abord, les différences régionales peuvent parfois brouiller les pistes. Une négociation diffère en effet non seulement par le projet, mais également par l'endroit où elle se tient. Ainsi, les gens du nord sont reconnus pour être directs, mais souples: le temps de la négociation est plus long, mais la confiance se gagne plus facilement. À l'opposé, les gens du sud ont pour réputation d'être plus avisés, plus précis, mais également plus réactifs que leurs compatriotes «nordistes»: leurs pratiques commerciales sont familières aux Occidentaux, mais la docilité n'est pas leur fort. Soyez donc toujours attentif au comportement de votre interlocuteur.

Le milieu des affaires n'est pas exclusivement masculin. La position de la femme dans la société évolue, et il n'est pas rare aujourd'hui de voir des femmes occuper des postes clés dans des secteurs économiques, politiques et scientifiques. Toutefois, les attitudes masculines confucianistes n'ont pas complètement disparu. Pour cette raison, il vaut mieux s'abstenir de critiquer ouvertement le droit de la

femme en Chine. Par prudence, montrez le même respect envers les hommes et les femmes. Avant d'envoyer une représentante en Chine, il est toujours préférable, en vue de la tenue d'une réunion, de faire parvenir à la partie adverse une lettre de présentation avec le titre du poste, la qualification de la personne et ses réalisations dans l'entreprise. Le jour de la rencontre, présentez-la en premier aux cadres de l'équipe. Elle présentera ensuite à son tour ses collègues. Une femme, chef de délégation, devra toujours veiller à répondre aux questions en premier pour asseoir son autorité.

L'entreprise chinoise

Après un repérage du milieu des affaires chinois, il est temps de s'intéresser au fonctionnement de l'entreprise chinoise.

Le rythme de l'entreprise

Première chose à connaître: les horaires de travail. À noter que la seule heure officielle est celle de Pékin, bien que la Chine soit à cheval sur plusieurs fuseaux (à Kunming, le soleil se couche ainsi plus tard que dans la capitale). Depuis le 1er mai 1995, la semaine est passée de six à cinq jours. Les fonctionnaires travaillent en général de 8h à 17h. La pause du déjeuner s'étale de midi à 13h30. Les horaires des journaliers suivent le rythme des saisons. Les magasins et les restaurants ont généralement leurs propres horaires (de 9h à 19h, la plupart du temps). Les supermarchés, les grands magasins et les boutiques pour touristes restent ouverts jusqu'à 22h dans les grandes villes. Sachez que la sieste est inscrite dans la Constitution. Malheureusement, la loi chinoise n'est pas toujours respectée. Dans certains secteurs, les travailleurs passent jusqu'à 18 heures par jour à l'usine et sont parqués dans des dortoirs par souci de rentabilité.

Les jours fériés ont également leur importance: pas question de négocier les journées chômées! Le Nouvel An, fête officielle rémunérée, s'étale généralement du 1er au 3 janvier. Le Nouvel An chinois (la fête du Printemps) tombe entre le 21 janvier et le 19 février. Beaucoup d'entreprises ferment alors leurs portes pendant une semaine. Aujourd'hui, presque tous les magasins des grandes villes restent ouverts pour l'occasion: pas de meilleure période en effet pour faire des achats. La Journée internationale de la femme, le 8 mars, accorde une demi-journée fériée et rémunérée aux salariées. La Fête internationale du travail, fête officielle rémunérée, s'étend désormais du 1er au 7 mai (la Fête de la jeunesse a lieu le 4 mai). Le 1er juin, le gouvernement accorde aux parents d'un enfant unique une demi-journée rémunérée pour la Fête internationale des enfants. L'anniversaire de la fondation du Parti communiste est célébré le 1er juillet, de même que, depuis 1997, la rétrocession de Hong Kong. Le 1er août, l'armée populaire de libération fête sa fondation. Du 1er au 7 octobre a lieu le deuxième événement le plus important en Chine après la fête du Printemps: la Fête nationale, officiellement rémunérée.

Depuis l'an 2000, les employés bénéficient de trois semaines de congé généralement prises autour du Nouvel An, du 1er mai et de la Fête nationale.

La danwei

Difficile d'aborder l'organisation de l'entreprise chinoise sans dire un mot de la *danwei*. La *danwei* n'est autre que l'unité de travail à laquelle appartient tout travailleur d'une entreprise d'État. Même si son influence a perdu du terrain depuis le lancement de l'«économie sociale de marché» et la fermeture d'entreprises d'État, elle continue d'orienter la vie de nombreux Chinois. Leur identité est en fait très liée à la *danwei*, qui leur apporte soutien et protection. Le plus souvent, la *danwei* accorde aux gens de nombreux avantages parmi lesquels le logement, la sécurité, la prise en charge des enfants, la retraite, etc. Retenez qu'une entreprise étrangère devra parfois proposer

des contrats incluant certains avantages afin de séduire la partie chinoise habituée à ce genre d'avantages. Tel est le prix à payer pour opérer, en douceur, la transition d'un système d'emplois à vie à un système contractuel.

Une organisation hiérarchisée

L'entreprise chinoise se caractérise par un fort cloisonnement des responsabilités. Les relations de type familial se retrouvent à tous les niveaux, y compris dans le travail. Sous l'influence du confucianisme, les Chinois accordent une fidélité sans bornes à la hiérarchie. La loyauté constitue l'une des valeurs clés du système. Chacun est responsable de sa partie et s'y tient. Bien loin du voisin l'idée de s'immiscer dans vos affaires, même s'il tirait profit de l'opération. Comme la prise de décision est avant tout verticale, coordination et solidarité font malheureusement défaut. L'innovation se retrouve bridée, et le copinage est de mise.

L'âge prime sur le reste, et les jeunes débutants dans l'entreprise chinoise n'ont d'autres choix que d'écouter leurs aînés. Leur comportement docile contribue à améliorer leur réputation: obéissants, ils sont assurés de pouvoir gravir, sans obstacles, les nombreux échelons qui jalonnent l'organisation de l'entreprise. Dans une négociation, un homme ou une femme d'âge mûr aura toujours l'avantage sur un jeune loup.

La gestion du personnel

En Chine, le recrutement du personnel s'effectue principalement par les agences gouvernementales pour l'emploi. Celles-ci fournissent également des services de gestion de dossiers des employés, particulièrement en matière de sécurité sociale. Il est recommandé de ne pas passer par les agences de recrutement

Les pratiques en affaires

4

四

pour le versement des salaires. Certains employés se sont plaints de ne pas avoir été rémunérés. Dans le cas d'un recrutement de personnel déjà employé dans une entreprise d'État, le recours à ces agences est obligatoire. Elles ont pour rôle en effet de négocier (avec l'entreprise d'État) le départ de la personne concernée et de récupérer son dossier.

Avant de requérir les services d'une agence pour l'emploi, il est impératif de solliciter une preuve du statut légal de celle-ci, certificat émis par le bureau du travail. De leur côté, les agences exigeront certains documents de l'entreprise cliente: copie de la licence, preuve d'enregistrement, profil recherché, etc.

Il est possible de publier une annonce dans les journaux, à la télévision ou à la radio, mais une autorisation préalable du bureau du travail le plus proche est requise. Certaines entreprises chinoises demandent parfois aux candidats d'ajouter une photo sur leur curriculum vitæ et de préciser le sexe, l'âge, la nationalité, voire la taille et le poids. Cela dit, depuis 1995, toute discrimination religieuse, raciale, sexuelle ou fondée sur un handicap est formellement interdite. En tant qu'employeur, sachez qu'une personne peut porter plainte si vous contrevenez à la loi en la matière.

Les chasseurs de têtes deviennent de plus en plus à la mode, surtout auprès d'entreprises étrangères ou à capitaux étrangers.

Il vaut mieux éviter de recruter sur la base de recommandations d'un tiers. Le répondant aura tendance à recommander l'un de ses proches et pas forcément une personne compétente pour le poste. Les avantages sociaux et les programmes de formation internes sont de bons moyens pour attirer les candidats.

Le bureau du travail exige la signature d'un contrat qui sera examiné par les autorités compétentes dans un délai de

30 jours. Pour plus de détails, reportez-vous à la Loi sur le travail en Chine.

LA NÉGOCIATION CÔTÉ CHINOIS

Tenir une négociation ici ne se plie pas aux mêmes exigences là-bas. Apprendre à connaître ces dernières et à y trouver des réponses vous aidera à conclure vos contrats plus facilement.

Une autre perception du temps

Chacun a pour habitude de considérer sa façon d'aborder le temps comme allant de soi et présentant un caractère universel. Or, en Chine, le temps n'est pas vu comme en Occident. Un bref rappel des différences de conception temporelle s'impose.

Tout vient à point à qui sait attendre

Pour les Occidentaux, le temps est une ressource limitée. On le gagne, on le dépense, on le perd, on l'économise et on le gaspille. Vu de façon linéaire, il est découpé en différents segments pour mieux en assurer la maîtrise. Dans cette optique, les événements arrivent forcément tel qu'on les a planifiés.

Pour les Orientaux, le temps coule. Il ne peut être divisé arbitrairement en secondes, minutes, heures, jours, semaines, mois, années et siècles. Les événements ont toujours lieu au moment voulu. Le temps écoulé dans l'intervalle n'est autre que le temps nécessaire au déroulement du processus. Un Chinois accorde donc une place prépondérante à l'observation de la réalité. Chacun doit être à l'écoute du cycle de développement des événements. Il est possible d'intervenir sur l'évolution de la situation en se déplaçant au bon moment, voire même en s'abstenant d'agir. Rien donc d'étonnant à ce que le partenaire avance pour mieux reculer ensuite. N'y voyez pas le fruit du hasard. Si l'on recule, c'est que les circonstances l'imposent!

Cette conception du temps explique pourquoi les Chinois ont une aversion particulière pour les délais imposés. Comment un délai pourrait-il avoir du sens pour eux? Comme le temps est cyclique, il est vain de planifier. Comment prévoir quelque chose d'avance alors que les conditions changent? Un Chinois ne verra aucun inconvénient à convenir d'un rendez-vous trois jours à l'avance alors qu'un Occidental requerra une semaine. L'Asiatique peinera à planifier dans la mesure où c'est la situation qui donne le pouls. Comme celle-ci évolue sans cesse, il faut attendre le dernier moment pour être certain de prendre la bonne décision.

En fait, la lenteur d'une action véhicule une valeur positive, liée à la prudence, et prouve que la situation est maîtrisée. Il s'agit bien d'une marque de maturité. Si vous rencontrez des Chinois ponctuels, ne vous y trompez pas, car leur ponctualité est simplement réglée par une force extérieure (horaires officiels pour les transports, ordre d'un supérieur, ou autre).

Le rythme chinois de la négociation

Pour la partie chinoise, la négociation est un tout. Le contrat doit subir des modifications dès que la situation évolue. En conséquence, les réajustements se multiplient. Il faut toujours suivre le cours des événements pour trouver l'accord le plus harmonieux possible.

Un Occidental considère la négociation comme un exercice d'explication et d'argumentation. L'objectif est à la fois d'obtenir le maximum de concessions et de défendre son point de vue en s'appuyant sur des règlements, des articles de loi, etc. Les Chinois quant à eux ne sont pas préparés aux discussions formelles (le banquet s'avère bien plus efficace que la table de négociation). En effet, ils vont d'abord éclairer la situation, exposer les problèmes et les faits pour rassembler les points communs. Leur but est d'arriver à une conclusion satisfaisante pour tout le monde et élaborée progressivement en tenant compte de tous les aspects de la question. La partie occidentale leur apparaît bien trop brutale, dans la mesure où elle part toujours de la conclusion avant de se lancer dans des explications interminables.

La première étape d'une négociation est bien souvent d'obtenir une lettre d'intention qui témoigne de l'intérêt des deux parties pour un projet commun. Cette lettre n'est cependant pas une fin en soi, encore moins un engagement de la partie chinoise. Elle ne correspond à rien de concret pour les Chinois. Ne criez donc pas victoire trop vite! Simple signe de bonne volonté, elle ne bouleversera aucunement le rythme naturel de la négociation, d'autant plus que les contraintes administratives y ajoutent leur lot de difficultés.

Le temps de la négociation varie en fonction de facteurs prévisibles et imprévisibles. Parmi les prévisibles, on compte les contraintes matérielles et le temps alloué pour l'établissement d'une relation de confiance. Il est facile d'anticiper sur la nature du projet, son coût, les modalités de financement, les caractéristiques de la concurrence locale et étrangère,

Les pratiques en affaires

④
四

le nombre de partenaires en jeu et les nouveautés technologiques impliquées. Par contre, il est nettement moins aisé d'avoir une idée précise des réactions et des comportements. Les bureaucrates et les petits fonctionnaires par exemple aiment faire traîner les choses pour se donner de l'importance. Difficile également de prévoir l'efficacité des appuis, l'évolution de la conjoncture ou encore les nouveaux développements dans le secteur juridique et économique.

En dépit de tous ces facteurs compromettants, évitez de donner l'impression que vous êtes pressé. La hâte inspire la méfiance. En outre, il est bien trop contre-productif de s'inquiéter de la lenteur de la partie chinoise. Le rythme de travail diffère parce que les étapes de décision et de préparation sont longues. En effet, le directeur prend les grandes décisions, mais seulement après analyse et discussion. Pour obtenir un consensus, sont organisées de multiples réunions au cours desquelles les pauses invitent à la concertation hors de la salle de conférences.

La négociation se révèle donc lente et agrémentée de propositions de projets, de partenariat et d'études de faisabilité.

Les règles du jeu

Un jeu fondé sur la ruse

Les principes fondateurs

La négociation n'a rien d'une guerre de manœuvre. Au contraire, elle doit être prise pour ce qu'elle est: un jeu où la ruse a la part belle. Pour ne pas faire échouer la négociation, il est important d'entrer dans le jeu. Autrement dit, il faut accepter de ne pas mettre toutes les cartes sur table dès les premières minutes.

Les règles sont relativement simples. On joue généralement avec des personnes appréciées et de confiance. Inutile d'espérer entrer en négociation avec de parfaits inconnus sans avoir établi au préalable de solides relations. Par ailleurs, la négociation n'est pas prétexte au discours vain: elle suppose matière à négocier. Le but est que chacun y trouve son compte. Si vous partez avec l'idée d'anéantir la partie adverse, vous serez pris à votre propre piège. Il faut toujours se comporter dans les règles tout en prenant plaisir à ruser. N'oubliez jamais que l'objectif premier de toute négociation est le bénéfice partagé.

Les stratégies chinoises

Les Chinois emploient divers chemins pour parvenir à leurs fins. En voici les principaux.

• Utiliser l'amitié et la flatterie pour obtenir des concessions:

La partie chinoise ne lésinera pas sur l'hospitalité à coups de banquets à répétition. Ne soyez pas dupe de la manœuvre et évitez, sous le charme, de céder sur tout.

• Utiliser la concurrence:

Les Chinois n'hésitent pas à entamer des négociations simultanées avec d'autres étrangers pour faire monter les enchères.

• Faire abattre les cartes de l'interlocuteur le plus tôt possible:

Vos partenaires s'efforceront de vous lancer dans des exposés précis afin de soutirer le maximum d'informations. Le but n'est autre que de détecter les points faibles. Un proverbe chinois illustre à merveille cette technique: Apprendre trois choses en posant une question.

• **Utiliser les compétiteurs pour s'exercer:**

Prenez garde de toujours vérifier la crédibilité de la partie adverse pour éviter de servir de cobaye dans des négociations fictives, sinon vous perdrez votre temps et votre argent.

• **S'arrêter sur des points sans importance pour user le partenaire psychologiquement.**

• **Changer d'interlocuteur au cours de la négociation:**

Le nouveau partenaire se fera un plaisir de répéter les mêmes questions pour vous pousser à la contradiction et déceler les failles. Soyez toujours certain de ce que vous avancez, sous peine de tomber dans le piège.

• **Profiter du fait que le pays attire nombre d'investissements étrangers pour faire du chantage:**

Pour ce faire, les Chinois utiliseront au maximum la crainte étrangère de l'échec en jouant l'indifférence ou en exigeant des concessions.

• **Utiliser vos propres mots contre vous:**

Prenez garde à ne pas vous couper l'herbe sous le pied.

• **Gagner du temps:**

N'oubliez jamais que, de par leur façon d'appréhender la temporalité, les Chinois sont les maîtres du temps. Comme ils savent très bien que vous êtes tenu de respecter le calendrier, ils prendront un malin plaisir à menacer de briser les négociations, voire à les retarder jusqu'au dernier jour (jour le plus propice aux concessions puisque, par peur de rater votre avion, vous risquez de dire amen à tout) ou encore à fixer la réunion le jour d'une fête nationale étrangère (pour vous agacer).

• **Faire appel au bon cœur pour exiger des prix inférieurs:**

Certains invoqueront un risque de faillite pour vous faire céder.

• **Vous faire culpabiliser:**

Les Chinois se montreront hésitants en prétextant une mauvaise expérience passée avec des étrangers.

• **Remettre en cause les acquis:**

Si la manœuvre peut paraître habile, elle peut parfois sous-entendre une réelle incompréhension. Assurez-vous toujours d'avoir bien été compris par la partie adverse.

• **Gonfler les prix dans l'espoir d'obtenir un peu plus.**

• **Utiliser les interprètes même si les Chinois maîtrisent l'anglais:**

Cela permet de réfléchir pendant la traduction. N'hésitez pas à faire de même.

La recherche du consensus

La recherche du consensus constitue une autre règle qui conditionne la négociation chinoise.

Chaque niveau participe donc à la décision, ce qui contribue à compliquer le jeu. L'avantage est que chacun peut s'exprimer (quelle que soit sa position hiérarchique) et que la responsabilité de tout le monde est invoquée en cas de problème.

Toute décision, qu'elle soit politique ou économique, est toujours
le résultat d'un consensus. Elle
n'est rien d'autre que l'incarnation
d'intérêts collectifs. Vous aurez
très vite l'occasion de vous en
rendre compte, ne serait-ce que
par la correspondance que vous
échangerez. Le cachet de l'entreprise ou de l'Administration
fait toujours office de signature
au bas d'une lettre. Le consensus formel est en effet considéré
comme indispensable. Contrairement aux habitudes occidentales,
un responsable ne peut imposer
son point de vue sans l'approba-
tion pleine et entière de l'équipe.
Un tel consensus nécessite évidemment une lente élaboration,
puisqu'il doit faire correspondre
des points de vue divergents et
converger des intérêts parfois opposés. En Chine, un bon dirigeant
assume parfaitement son manque
de liberté, dans la mesure où il
détient un rôle d'orientation et
d'arbitre.

Les pratiques en affaires

4

四

Les hommes d'abord, les lois ensuite

En Occident, chacun se repose sur l'État de droit. Comme tout le monde pense que ce dernier va protéger les intérêts de tous, l'établissement d'un réseau de relations sociales n'a pas autant d'importance. En Chine, le système est tout autre: parce qu'ils sont mis en place par des gens, les lois et les règlements peuvent s'interpréter de diverses façons, en faveur d'un projet ou contre un autre.

L'idée de l'instabilité d'une société reposant sur des liens interpersonnels est assez répandue. Or, les efforts de courtoisie et de convivialité qu'une telle société requiert valent autant qu'un contrat. Sans relations de confiance, tout est permis, y compris les coups bas. En

Chine, les relations interpersonnelles ont ainsi la priorité sur les relations institutionnelles ou contractuelles. Il est vrai que depuis quelques années est apparue dans les esprits la nécessité de rédiger un contrat en bonne et due forme avec les étrangers. Cependant, la multiplicité des réglementations, véritables instruments du bureaucrate, empoisonne plus qu'elle n'aide.

POUR UNE NÉGOCIATION RÉUSSIE

Réunir les bonnes informations

Avant de vous lancer à corps perdu dans l'analyse de futurs partenaires et d'éventuels projets, il est indispensable de s'intéresser d'abord à l'atmosphère politique et économique du pays, voire de la région. En cas de crise économique, politique ou sociale majeure, il est sans doute plus prudent d'attendre le retour au calme avant d'entreprendre quoi que ce soit. Tout futur négociateur devrait réunir le plus possible de renseignements sur la région concernée pour repérer les solutions qu'autorisent l'état de la société, les mentalités et les comportements des uns et des autres.

Il vous faut réunir toutes les informations utiles à votre stratégie. En conduisant une analyse sérieuse du marché, vous pourrez adapter votre stratégie à la taille de l'entreprise, aux conditions et aux perspectives d'évolution du marché. Renseignez-vous sur l'interprétation du système juridique qui peut différer d'une région à l'autre.

N'hésitez pas à faire une étude de marché sur place: investiguez les régions ciblées, tenez-vous au courant des politiques adoptées dans le secteur auprès de l'échelon administratif central (ministère par exemple), mesurez l'intérêt de l'échelon administratif local (municipalité) pour votre affaire, visitez enfin quelques entreprises chinoises pour jauger les moyens sur place, les compétences des responsables et la qualité des installations. Faites-vous votre propre opinion plutôt que de vous fier uniquement aux exposés et aux dépliants laissés par la partie chinoise. Imposez-vous de visiter les ateliers et les bureaux d'études sur le terrain.

Recueillez le maximum d'informations sur la configuration initiale du projet: profil de la partie chinoise, motivation pour le projet, objectif poursuivi, nature du financement (origine gouvernementale, étrangère, privée ou multinationale) et réglementation économique en vigueur qui orientera le choix du type de coopération. Recoupez vos données par mesure de contrôle.

Essayez de comprendre le plus possible la complexité de l'organisation politico-administrative et de déceler l'intervention de l'État dans le projet (est-ce que la branche choisie dépend d'un secteur planifié? est-ce que le projet est inscrit au plan?) Consultez les conseillers des missions économiques de votre pays pour récolter de l'information générale (gratuite) à ce sujet.

Posez-vous les bonnes questions au bon moment:

Qui soutient ou impose le projet? Qui prend réellement les décisions? Y a-t-il opposition, indifférence, discordance? Si vous percevez des désaccords internes, c'est mauvais signe.

Est-ce que les administrations se montrent coopératives? Quels sont les enjeux techniques, commerciaux, politiques?

Y a-t-il une solution chinoise? Si tel est le cas, vous aurez du mal à vous faire entendre et aurez à subir pressions et marchandages.

L'exploration préliminaire et une initiation au monde chinois vous éviteront ainsi bien des déboires face à l'inconnu. Un premier contact avec la réalité chinoise permet de mesurer les risques et les dangers qui vous attendent et de repérer les éventuels pièges de la bureaucratie: un homme averti en vaut deux.

Développer d'habiles stratégies

Pour bien réussir votre négociation, la connaissance de quelques éléments stratégiques facilitera la conduite de vos affaires.

«Connais-toi toi-même»

Pour amorcer une négociation, il n'est pas de meilleur conseil que de reconnaître sa singularité. Avoir conscience de ses handicaps est un atout certain pour le négociateur. S'il a déjà tenté de comprendre sa propre culture, l'exploration d'un autre système de pensée n'en sera que plus facile.

La culture occidentale s'appuie sur la réflexion et attache une importance sans borne à l'action individuelle. Le but n'est autre que de faire des affaires le plus efficacement ou le plus rapidement possible. Nous l'avons vu, la culture orientale est tout autre. Elle met en avant la modestie et repose sur le consensus. L'objectif premier est de se faire des relations.

Les pratiques en affaires

4

四

Une fois posée cette différence, il est facile de décoder les jugements que portent les Chinois à l'égard des Occidentaux. Pour un Chinois, l'étranger inspire la crainte et fascine tout à la fois. L'Occidental est incapable de faire face à l'adversité. Direct, il fait souvent preuve de naïveté et manque de subtilité. Il sait comment prendre des initiatives, mais son côté égocentrique ruine le travail en équipe, car seule compte sa réussite personnelle. Chaleureux, il se montre toujours impatient et tourne souvent le dos au partenaire une fois le contrat signé. Il a beau respecter la culture chinoise, il est tout à fait incapable de la comprendre.

> **Les stéréotypes vont bon train.** Un Chinois voit en général les Américains comme des gens riches et à la pointe de la technologie, mais considère qu'ils manquent de culture et font preuve d'une morale douteuse. Le Canadien est comparé à une pêche (doux à l'extérieur, mais dur à l'intérieur) parce qu'il semble difficile d'établir des relations profondes et de longue durée avec lui. L'Européen force l'admiration, mais est évalué différemment selon son pays d'origine. Un Chinois se reconnaît volontiers proche d'un Français par son goût pour la culture et la bonne cuisine, mais lui reproche ses excès à tous les niveaux (flot incessant de paroles, sentiment de supériorité, etc.).

Les Chinois ont la mémoire longue. Longtemps boudée par les Français qui lui préféraient Pékin, Shanghai a récemment ouvert ses portes avec plus de facilité aux Allemands qui ne l'avaient jamais reniée.

Pas de doute, quoique caricatural, ce genre de portrait peut aider tout futur négociateur qui en prend conscience à anticiper les réactions de ses partenaires chinois et… à corriger les siennes!

Les techniques de base

Une délégation doit comprendre au minimum un chef, un spécialiste du secteur concerné, un juriste en droit international et un interprète (au cas où l'anglais ne serait maîtrisé par aucune des parties). Choisissez de préférence un interprète bilingue et biculturel. Assurez-vous de toujours vous tourner vers votre partenaire et non vers l'interprète. Parlez lentement, multipliez les pauses et évitez les régionalismes. Attendez-vous toujours à ce que les Chinois arrivent plus nombreux.

Lorsque vous vous adressez à la partie adverse, veillez à parler d'une seule voix. Pour les Chinois, le groupe collectif prime sur une multitude d'individus exprimant chacun leur point de vue. Faites en sorte que chacun se cantonne dans son rôle: le chef se comporte en chef, l'interprète agit comme tel, et l'intermédiaire se garde d'intervenir de lui-même, etc.

> N'oubliez pas qu'il est souhaitable de s'engager à moyen ou long terme puisque les relations interpersonnelles priment le reste. Cependant, ne vous sentez pas obligé de signer un contrat qui ne vous satisfait pas. Il faut être prêt à tout abandonner en cas d'accord insatisfaisant. Placez-vous sur le terrain de l'échange d'expériences et essayez toujours de trouver une solution dans l'intérêt de chacun.

Pour que le partenaire se dévoile, multipliez les marques de sollicitude et arrangez-vous pour qu'il modifie son point de vue et s'aligne sur le vôtre. L'important est de toujours convaincre plutôt que d'imposer. Essayez de connaître le point de vue chinois sur les atouts des concurrents et faites-en usage pour modeler votre argumentation.

Éviter les faux pas

Voici quelques erreurs à corriger pour mener à bien une négociation.

- **Faire de grands discours et ne pas prêter assez d'attention au discours de la partie adverse:**

Adoptez toujours concision et clarté sinon vous risquez de noyer vos interlocuteurs et de leur faire peur. Au premier rendez-vous, votre exposé ne devrait pas dépasser 20 minutes. Parler d'un ton direct et simple. N'hésitez pas à fournir des explications en cas d'incompréhension, mais sans donner aucun détail technique. Vous pouvez toujours rappeler l'importance des délais, mais éviter d'en faire une priorité. L'exposé doit mettre en avant une ou deux idées directrices et développer l'atout majeur du projet. Si la proposition vient des Chinois, notez l'intégralité de ce qui se dit et demandez à éclaircir toute ambiguïté. Dans tous les cas, gardez-vous bien de donner votre avis sans avoir pris le temps d'y réfléchir.

La chose peut paraître évidente, mais il est indispensable de toujours respecter les opinions et les propositions des partenaires chinois, en particulier celles des aînés. Une telle attitude a son importance puisqu'elle marque le respect. Comme l'étranger est en général assigné d'office à une position supérieure, faire preuve de la même considération pour l'interlocuteur est gage de sincérité et de modestie. Préservez toujours la relation amicale que vous avez installée. L'important est de rester ouvert à toute proposition et d'être prêt à prendre des risques.

- **Vouloir à tout prix tout expliquer ou tout savoir:**

Le mieux est d'éviter de s'occuper du terrain adverse. Certains s'amusent parfois à prouver à l'autre que ses objectifs sont irréalisables en s'efforçant de lui montrer où sont vraiment ses intérêts. Ce genre de pratique est inconcevable pour un Chinois: comment la partie adverse pourrait-elle s'amuser à saboter ses propres intérêts en lui livrant sur un plateau d'argent la meilleure stratégie à adopter? De même, il est judicieux de ne pas se lancer dans une analyse cartésienne en demandant des preuves à tout prix. En adoptant cette stratégie, vous vexerez vos partenaires.

- **Adopter une attitude qui pourrait embarrasser la partie adverse:**

Le respect de l'autre impose également honnêteté, professionnalisme et cordialité. Ainsi, ne heurtez jamais l'autre de front en vous opposant à lui ou en le critiquant ouvertement, sous peine de lui faire perdre la face. Il faut éviter de contrarier ses désirs et surtout ne pas le vexer. De votre côté, ménagez votre image en gardant la maîtrise de vous-même. La colère ne mène à rien et donne l'impression aux Chinois que vous trichez.

- **Se montrer présomptueux:**

L'humilité représente une autre qualité à cultiver. Traitez tout le monde d'égale façon, surtout si vous avez affaire à un subalterne. Un comportement respectueux vous vaudra l'admiration de la partie chinoise.

- **Oublier de protéger vos données:**

En Chine, les murs ont des oreilles. Donnez vos appels téléphoniques et tenez vos réunions ailleurs qu'à l'hôtel. Si besoin est, codez vos documents confidentiels avant de les envoyer, mais ne tombez pas dans la paranoïa excessive.

Les pratiques en affaires

4

四

• Improviser:

Les Chinois n'hésiteront pas à repérer vos points faibles et à les utiliser dans leur propre intérêt. Soyez donc bien préparé!

• Négocier le prix trop vite:

Il est vivement conseillé de ne négocier le prix qu'une fois pour toutes en fin de la négociation et après éclaircissement de tous les autres points. Le jeu en vaut la chandelle, car il vous évitera bien des grappillages de la partie chinoise.

• Se montrer trop naïf en cédant trop vite à l'enthousiasme chinois et attendre des concessions en retour:

Si vous avez signé, c'est que vous y trouviez votre intérêt. Ne vous en prenez qu'à vous-même si votre tactique échoue. De même, évitez de vous aveugler par les contrats, car en Chine, rien n'est jamais acquis pour de bon. Tout évolue!

• Refuser de donner de l'information essentielle au bon déroulement de la négociation sous prétexte que les Chinois tardent à réagir à vos demandes:

Rappelez-vous toujours que si leur réponse n'est pas instantanée, c'est parce que le processus hiérarchique est long. Par contre, s'ils vous demandent des informations, réagissez au plus vite. Leur demande est plutôt la preuve que les choses commencent à bouger et agissent en votre faveur.

LE DÉROULEMENT DE LA PARTIE

Observons à présent le déroulement d'une négociation.

La phase d'approche

La phase préparatoire est essentielle pour appréhender une réalité chinoise caractérisée par la diversité, la variabilité et la mobilité.

Nouer des contacts

Si les rapports entre Chinois et étrangers tournent souvent au fiasco, c'est parce que ces derniers peinent à entretenir leurs relations. Il est souvent bien futile de solliciter directement une entreprise. Développez d'abord des relations en amont avec les autorités officielles (la Commission pour le commerce et les relations économiques avec l'étranger, la Commission de planification, l'office des taxes et l'Administration du commerce et de l'industrie). Apprenez à tisser une toile de réseaux utile pour obtenir sans trop de difficultés des licences, des permis, etc. Vous économiserez votre temps, car le délai pour obtenir le feu vert gouvernemental peut se révéler particulièrement long.

La première étape s'organise autour de la création d'un climat de confiance. Loyauté et fidélité représentent des qualités inestimables en contexte chinois. Un individu est en effet relié à la société par des liens indestructibles, les *guanxi*. Ceux-ci lui permettent de donner mais surtout de recevoir des appuis. Ils contribuent à atténuer les dangers et à résoudre les problèmes plus facilement. Ils impliquent à la fois obligations, droits, devoirs et faveurs. Une telle organisation sociale tire sans doute son origine de la faiblesse du système législatif. La société civile en l'absence de législation en bonne et due forme accepte de jouer un rôle régulateur. Ceci étant, les Chinois d'outre-mer accordent une importance tout aussi grande à l'établissement de relations, preuve que les *guanxi* font partie intégrante de la culture chinoise. Même si le pays connaît aujourd'hui une frénésie législative pour répondre aux exigences de l'ouverture économique, les relations interpersonnelles n'ont en rien perdu de leur vitalité.

Il n'est pas inutile de répéter que les Chinois négocient plus des relations que des contrats.

Apprenez à connaître les directeurs d'usines locaux. Les visites et appels répétés constituent un bon moyen pour évaluer plus facilement les intentions et les tempéraments.

Rares sont les Chinois qui aiment faire des affaires avec de parfaits étrangers. La solution idéale est donc de passer par un intermédiaire. Celui-ci se révélera toujours efficace pour vous faire accepter plus rapidement, pour obtenir des informations complètes et précises ainsi que pour éviter les faux pas. Un Chinois biculturel constitue un choix judicieux parce qu'il mettra le partenaire en confiance. À cet égard, les entreprises font de plus en plus appel aux «Chinois banane» (jaunes à l'extérieur et blancs à l'intérieur!): élevés ou éduqués en Occident, ils ont un prénom occidental (Jimmy Chang par exemple) et connaissent très bien le comportement des deux parties. Si vous ne trouvez personne ou que vous persistez à faire cavalier seul, fournissez aux Chinois le maximum d'informations sur votre entreprise et sur ce que vous espérez accomplir en Chine. Cela dit, il est rare de nos jours d'être à court d'intermédiaire. Fiez-vous aux cabinets de relations publiques (dont les services sont payants): ils disposent d'un vaste réseau de relations et savent toujours à quelle porte frapper en cas de besoin.

Il existe bien entendu une contrepartie à ces *guanxi*: la dérive vers la corruption. Difficile de cerner où est la frontière entre la faveur et le pot-de-vin. Cependant, lorsque l'abus est flagrant, vous avez parfaitement le droit de ne pas entrer dans le jeu, en invoquant le caractère illégal d'une telle pratique dans votre pays. Autre solution: le mécénat d'entreprise, parfaitement légal.

Saisir le comportement des Chinois

Lorsque vous établissez les premiers contacts avec vos partenaires, apprenez à les connaître. Il est vrai que la connaissance de la langue est une clé indispensable pour pénétrer le monde chinois. La pensée originale chinoise est liée à la particularité de l'écriture, à la structure originale de la phrase. La place des éléments d'une phrase et leurs combinaisons conditionnent le sens du message. On compare souvent la langue chinoise à un jeu d'échecs. Le caractère chinois fait office de pièce du jeu dont la place sur l'échiquier modifie le sens de l'ensemble. Pour les Chinois, l'examen de la réalité est indispensable pour avancer. Leur goût pour les ajustements continuels donne souvent l'impression à l'observateur étranger que l'argumentation chinoise s'éparpille. De leur côté, les Chinois jugent le mode de pensée occidental cloisonné et trouvent que les Occidentaux n'arrivent pas à se mettre à l'écoute du monde qui les entoure.

Ne soyez pas surpris de voir les Chinois cacher leurs émotions parce qu'ils sont conditionnés dès la naissance à ne jamais montrer leurs sentiments. Ne rien laisser transparaître est considéré comme une vertu en Chine. N'attendez donc pas qu'ils se donnent à vous à livre ouvert.

Si les Chinois évitent de vous regarder dans les yeux, c'est simplement parce qu'ils considèrent la chose impolie et trop agressive. Rien à voir avec l'hypocrisie.

Les pratiques en affaires

4

四

N'hésitez pas à les provoquer douce-ment pour repérer leur réaction. Vous pourrez ainsi vite repérer les escrocs. Pendant cette étape informelle, obser-vez les compétences, l'expérience et les qualités humaines de votre interlo-cuteur.

Notez que le rire peut exprimer la gêne ou la timidité et que les distances phy-siques sont plus rapprochées en Chine qu'en Occident (si le rapprochement vous met mal à l'aise, asseyez-vous).

Comme ils veulent plaire, les Chinois n'hésitent pas à employer les grands moyens. Vérifiez toujours l'exactitude de leurs propos.

> Ayez toujours en tête que, pour un Chinois, ce qui est vrai aujourd'hui peut très bien ne plus l'être de-main. L'intuition occupe une place centrale dans sa façon d'aborder une situation. Seules existent des situations concrètes. Le cas gé-néral des Occidentaux qui posent l'existence de vérités immuables est un non-sens pour un Chinois. Au contraire, celui-ci développe un sens aigu de l'observation. L'événement se comprend dans sa globalité et non dans un saucisson-nage de faits plus ou moins dépen-dants les uns des autres.

Les différentes étapes d'une réunion d'affaires

L'organisation préliminaire

Un rendez-vous avec des étrangers constitue un événement de taille pour les Chinois. Pourtant, bien souvent, ils sont mal préparés et comptent sur vous pour mener à bien la réunion. Il est donc impératif de prévoir un ordre du jour, sans toutefois révéler ouverte-ment votre stratégie générale. N'oubliez pas que, dans la mentalité chinoise, la dynamique apparaît toujours au fil des discussions.

> En Chine, une réunion s'appa-rente à un événement relationnel qui ne nécessite aucune prépara-tion. Alors que les Occidentaux la voudraient courte et efficace pour aider à prendre des décisions, les Chinois la voient plus comme un chœur qui doit trouver son point de rencontre. Bien loin d'être inu-tile, ce type de réunion converge vers un même résultat: si tout le monde est d'accord, il n'est pas nécessaire d'expliciter les déci-sions. La communication s'expri-me ainsi de manière implicite.

Avant la tenue d'une réunion, envoyez la liste des membres de la délégation (par ordre d'ancienneté ou d'importance) avec leur CV. Tâchez de faire parvenir à la partie chinoise des informations tra-duites sur votre entreprise et précisez bien le sujet que vous aimeriez débattre. Exigez la pareille du partenaire. Laissez du temps aux Chinois pour étudier vo-tre dossier; cela leur permettra de sélec-tionner les partenaires adéquats.

Le jour J, pensez à apporter photoco-pies et appareils vidéo ou audio parce que rien ne garantit que vous trouviez le matériel adéquat sur place.

Si vous avez une exigence particulière, faites-en la demande auprès de l'inter-locuteur. Si vous n'obtenez aucune ré-ponse, c'est que votre demande ne peut être satisfaite.

Gardez toujours bien à l'esprit que le but est d'arriver à un accord en ménageant chacune des parties.

Les principes de base

Demandez toujours un rendez-vous avec le responsable le plus âgé pour montrer que vous êtes sincère et digne de respect.

En cas de retard ou d'annulation de réunion, il est possible qu'une sortie ou une excursion soit organisée par les Chinois. Ne vous vexez pas et faites preuve de compréhension. Si vous ne pouvez vous rendre à une activité, désignez toujours officiellement un membre de l'équipe pour vous remplacer.

En réunion, l'habit conventionnel est de rigueur. En règle générale, la réunion se tient dans une salle de conférences, mais pas forcément dans l'entreprise. Soyez ponctuel (généralement les partenaires chinois seront déjà en place avant votre arrivée). Entrez dans la salle de réunion par ordre hiérarchique, car pour les Chinois le premier est toujours celui qui dirige. Les hôtes importants seront conduits à leur place. Les autres auront peut-être à décider par eux-mêmes de leur emplacement.

Un subalterne chinois présente ensuite le chef du groupe, qui fait à son tour connaître son équipe. Adoptez la même technique. La séance peut paraître un peu protocolaire, mais elle est incontournable. Vous aurez certainement droit à un discours de bienvenue, des poignées de main et une remise de cartes de visite. Faites de même.

Saluez (*nihao*) tout en faisant un léger signe de tête.

Généralement, les parties s'assoient face à face en ordre décroissant, le chef au centre. Pensez toujours à privilégier la hiérarchie.

Asseyez-vous bien droit sur une chaise, les deux pieds au sol. Ne vous affalez pas, ni ne croisez les jambes.

Au début, autour d'un thé chaud, on parle du voyage, de l'hôtel et du temps. Il est vivement recommandé de ne pas parler affaires d'emblée.

Retenez que les Chinois préfèrent réagir que de prendre la parole. Veillez à ne jamais poser de questions négatives, car la réponse peut prêter à confusion. Par exemple, si vous demandez à un Chinois: «Vous n'êtes pas d'accord?», il répondra «non» pour dire qu'il est d'accord («non, je suis d'accord»). Vous risquez de comprendre le contraire («non, je ne suis pas d'accord»).

Soyez toujours attentif au silence des Chinois. Un silence peut traduire en effet un embarras ou révéler que quelque chose ne va pas. Les acquiescements ne veulent pas nécessairement dire qu'on est d'accord, mais plutôt que l'on vous suit. N'oubliez pas non plus que, pour sauver la face, les Chinois n'hésiteront pas à mentir. Vérifiez l'exactitude de leurs propos par la suite.

La fin de la rencontre

La réunion se termine par un discours de clôture du chef de la délégation chinoise qui résume ce qui a été accompli. Demandez toujours le nom de la personne à contacter pour une rencontre future. Le responsable de votre équipe remerciera pour l'accueil et l'issue heureuse de la rencontre.

Insistez de nouveau sur le désir d'établir des relations de longue durée et profitables à tout un chacun. Si vous ne le faites pas, les Chinois penseront que vous reculez.

Serrez les mains de vos partenaires par ordre décroissant avant de partir. Les Chinois vous laisseront quitter les lieux d'abord, avant de vous raccompagner à l'ascenseur ou à la porte d'entrée. Prenez soin de toujours leur faire parvenir un compte-rendu peu après la rencontre.

Les pratiques en affaires

4

四

La conclusion d'un contrat et l'après-signature

L'étape finale

À la fin d'une négociation, deux cas de figure peuvent se présenter: soit la même équipe revient pour conclure en concertation étroite avec la direction, soit la direction générale ou les présidents d'entreprises sont convoqués parce que l'administration centrale est impliquée dans le projet. La seconde option se révèle nettement plus délicate: il faudra s'attendre à faire des concessions sur les prix sous prétexte que les deux nations doivent coopérer.

Avant la signature du contrat, n'oubliez pas de prendre en compte tous les aspects juridiques (structure et droit du futur contrat: quelle version fait juridiquement foi?), fiscaux (droits de douane, fiscalité de la structure locale, taxes) et financiers (modalités de financement ou de paiement).

Le directeur général ou le président n'apparaît en première ligne que dans cette phase finale. La tactique est claire. Il s'agit de lui laisser une porte de sortie en cas de problème. La signature se fait toujours en grande pompe: mise en scène à la chinoise avec discours sur la coopération (répondre sur le même registre) et photo (poignée de main oblige).

La signature du contrat n'est pas une fin en soi

Détrompez-vous: ce n'est pas parce que vous sortez, un contrat en poche, qu'il faut délaisser vos relations d'affaires. La signature du contrat impose toujours un suivi relationnel. Établir des contacts pour

les détruire une fois la mission accomplie représente une erreur fatale. Continuez donc à voir vos partenaires. Même si vous ne signez rien, efforcez-vous de cultiver vos relations. Ne sait-on jamais, cela peut toujours servir à l'avenir.

Ne croyez pas être récompensé d'un effort commercial excessif. À vous de savoir prendre les risques. L'idée qu'un partenaire étranger puisse vendre à perte ou que son choix n'implique pas une solide stratégie de profit apparaît inconcevable pour un Chinois.

N'allez pas croire non plus que la signature implique que la négociation est terminée.

Rappelez-vous qu'un contrat cache toujours des *guanxi* (voir la section «La phase d'approche» au début de la présente section). Il est respecté parce que des hommes en sont les initiateurs. Si vous avez arraché une négociation en tapant du poing sur la table, il y a fort à parier que la coopération sera interrompue ou sans lendemain. N'oubliez jamais qu'un contrat n'est qu'un texte: il n'est en rien définitif. Attendez-vous à ce que des adaptations soient exigées régulièrement de la part des Chinois en cas d'évolution de la situation.

Rappelons enfin que le contrat n'est pas un modèle immuable, mais qu'il constitue un processus. Il est donc nécessaire de s'adapter pour s'aligner sur le changement.

Et que la négociation continue!

ÉPILOGUE

Est-il bien utile de le répéter? La Chine attire aujourd'hui une foule de curieux bien décidés à percer ses moindres secrets. Si le désir de comprendre l'empire du Milieu se fait sentir chaque jour davantage en Occident, c'est sans doute parce que tous les projecteurs sont à présent braqués sur cette région de l'Asie. Un nouvel eldorado se retrouve en effet à la portée de tous. Les pays riches ne cessent de lorgner les millions de futurs consommateurs chinois, mais n'en abandonnent pas pour autant la crainte d'être aspirés par l'étoile montante. Puissance économique en plein essor, la Chine est sortie de son isolement en l'espace de deux décennies et fait désormais partie du concert des nations. Trois événements récents ont marqué son entrée dans la cour des grands: l'adhésion à l'Organisation mondiale du commerce, le choix de Pékin pour accueillir les Jeux olympiques de 2008 et la première conquête chinoise de l'espace.

Pourtant, bien des ombres subsistent au tableau. Le pays n'a pas fini d'être malmené par toutes sortes de transformations spectaculaires. L'entrée dans la mondialisation s'est parfois faite au prix de lourds sacrifices, comme le prouve l'énorme fossé séparant les plus pauvres des nouveaux riches. Le passage d'un pays en développement à une nation moderne, riche et stable, est encore loin d'être achevé: plus que jamais, la Chine recherche la stabilité tandis que le niveau de vie de ses habitants n'a toujours pas rattrapé celui de l'Occident.

Comment le peuple chinois s'adapte-t-il aux bouleversements actuels? Quelle place accorde-t-il encore à la tradition dans un monde en ébullition? Quelles caractéristiques majeures modèlent la nature des Chinois? Le présent ouvrage a tenté d'apporter quelques réponses à ces questions en passant en revue les pratiques anciennes toujours en vigueur ainsi que les façons typiquement chinoises d'appréhender la vie et le monde en général. Le lecteur a pu ainsi se familiariser avec les principaux aspects de la civilisation chinoise, la vie quotidienne des Chinois et leurs habitudes en société et en affaires. Les quelques clés nécessaires pour comprendre les comportements contemporains des Chinois sont désormais entre ses mains.

En résumé, disons que pour comprendre les Chinois il faut apprendre à doser: tenter de saisir ce qui paraît étrange sans s'oublier soi-même. Autrement dit, détecter les signes imperceptibles qu'envoient les Chinois et décider jusqu'à quel point il faut accepter leurs règles du jeu. Le respect de la partie adverse conditionne bien sûr la réussite de toute intégration. Donner de la face et contribuer au prestige de l'autre, se contrôler, s'attacher à trouver des solutions gagnantes pour tout un chacun et ne pas trop se mettre en avant, telles sont les conditions pour établir de bonnes relations avec les Chinois. Toutefois, un étranger y gagnera à faire preuve d'honnêteté avec lui-même, à connaître ses limites et à oser imposer des barrières. Après tout, les Chinois essaieront toujours de forcer l'interlocuteur à faire les choses comme ils l'entendent. Si le «long nez» réussit à montrer subtilement qu'il ne veut pas trahir sa nature, il inspirera indéniablement un plus grand respect de la partie adverse. Traiter avec des Chinois n'implique pas un abandon de son bagage culturel. Au contraire, connaître ce dernier peut aider à anticiper ses réactions: le jugement que l'on porte sur autrui est toujours tributaire de sa propre culture. Il serait vain de s'effacer dans l'aventure, car toute attitude s'appuie forcément sur son histoire personnelle.

Le secret d'un échange réussi réside donc dans une communication authentique reposant sur un climat de confiance. Il s'agit de savoir à quel moment on peut se fier à son intuition et regarder les choses avec un œil chinois. Rien de plus flatteur en effet que de pouvoir donner une réponse amicale… et gagnante!

En ce sens, nous osons espérer que les quelques pratiques et conceptions chinoises exposées au fil des chapitres vous auront éclairé sur bien des points obscurs et vous permettront à l'avenir d'agir en toute connaissance de cause. La balle est désormais dans votre camp: à vous de jouer!

BIBLIOGRAPHIE

BERGÈRE, Marie-Claude. *La Chine de 1949 à nos jours*, Paris, Armand Colin, 2000 (3e éd. rev. et aug.).

BOULET, Marc. *Ma famille chinoise*, Paris, Éditions du Seuil, 1998.

BOURZAT Catherine. *La Chine des Chinois*, Paris, Liana Levi/Éditions du Seuil, 2004.

CHAN, William Tat Chuen. *Fêtes et Banquets en Chine*, Arles, Éditions Philippe Picquier, 1997.

CHENG, Anne. *Histoire de la pensée chinoise*, Paris, Éditions du Seuil, 1997.

COUVREUR, Séraphin. *Mémoires sur les bienséances et les cérémonies*, Paris, Cathasia, 1950, t. I, p. 60 (citation de la page de titre).

DARROBERS, Roger et Xiao Planes XIAOHONG. *Éléments fondamentaux de la phrase chinoise*, Paris, Éditions You Feng, 1998.

DESJEUX, Dominique et Lihua ZHENG. *Chine-France, Approches interculturelles en économie, littérature, pédagogie, philosophie et sciences humaines*, Paris, Éditions L'Harmattan, 2000; *Entreprises et vie quotidienne en Chine, Approche interculturelle*, Paris, Éditions L'Harmattan, 2002.

FAURE-BOUTEILLER Anne. *La Chine, Clefs pour s'implanter sur le dernier grand marché*, Paris, Les Éditions JV & DS, 1998.

GENTELLE, Pierre (dir.), *Chine, peuples et civilisation*, Paris, La Découverte, 2004.

GERNET, Jacques. *Le monde chinois*, Paris, Armand Colin, 1999 (4e éd. rev. et aug.).

GRIFFITH, Susan, *Teaching English Abroad*, Oxford, Vacation Work Publications, 2005.

GUNDE, Richard, *Culture and Customs of China*, Westport, Connecticut, Greenwood Press, 2002.

KAN, Jocelyn et Hakwan LAU, *Live & Work in China*, Oxford, Vacation Work Publications, 2004.

LEYS, Simon. *L'Humeur, l'Honneur, l'Horreur*, Paris, Éditions Robert Laffont, 1991; *Les habits neufs du président Mao*, Paris, Bibliothèque asiatique, Éditions Champ libre, 1971.

LONG, Laurent. *La porte des bienséances*, Paris, Éditions You Feng, 1997.

MARIÉ, Éric. *Précis de médecine chinoise*, Saint Jean de Braye, Dangles, 1997.

MEYER, Éric. *Sois riche et tais-toi, Portrait de la Chine d'aujourd'hui*, Paris, Éditions Robert Laffont, 2002.

PAPINEAU, Élisabeth. *Le jeu dans la Chine contemporaine: mah-jong, jeu de go et autres loisirs*, Paris, Éditions L'Harmattan, 2000.

PIQUES, Marie-Chantal. *Les miroirs de la négociation en Chine*, Arles, Éditions Philippe Picquier; Paris, librairie Le Phénix, 2001.

SAPY, Georges. *Communiquer avec les Chinois, Clés pour réussir vos négociations*, Paris, Éditions d'Organisation, 2003.

SELIGMAN, Scott D. *Chinese Business Etiquette*, New York, Warner Books, 1999.

WEBSTER, Richard. *Découvrez le feng shui*, Paris, Éditions Sand, 1999.

INDEX

Index